# Vorwort

Polemiken, Plädoyers und Widerreden in der Form von Essays und Skizzen werden Sie in dieser Textsammlung kennenlernen. Das einzige Ordnungsprinzip, dem ich mich unterworfen habe: Sämtliche Texte sind aus den Jahren 2019 und 2020. Alles frisch aus dem Bleistift bzw. aus dem Multimarker und der Tastatur.

Manche Texte würden eine politische Korrektheitsprüfung möglicherweise nicht überstehen. Lassen Sie sich provozieren und anregen zum eigenen Weiterdenken. Ich habe überhaupt nichts dagegen, wenn Sie sich über die Ansichten eines alten weißen Mannes amüsieren. Im Gegenteil, wer beim Budern und Philosophieren nicht lachen kann, ist ein armer Hund. Das war einer meiner Sprüche, als ich noch mehr philosophiert habe. Der Titel „TEXTE die einer schrieb bevor er sich eine KALASCH kaufte und AMOK lief" ist angelehnt an den Titel „Gedichte die einer schrieb bevor er im 8. Stockwerk aus dem Fenster sprang" von Charles Bukowski. Ich finde, es ist keine Schande, sich von Buk inspirieren zu lassen.

Zur Themenwahl dieser Textsammlung ist zu sagen, dass ich mich mit den Angst und Schrecken verbreitenden „demokratisch gewählten" Machthabern wie Donald Trump und Jair Messias Bolsonaro und deren Untaten auseinandersetzen wollte, weil mir diese Herren mit ihrem berufsverbrecherischen Habitus große Sorgen bereiten. Andererseits wollte ich über Themen wie Queerness, Integration, Migration, Analphabetismus, „Künstliche Intelligenz" und ähnliche Sachverhalte bzw. gesellschaftliche Zustände und Entwicklungen öffentlich nachdenken. Ich hatteund habe den Eindruck, dass es bezüglich dieser Themen sehr schädliche Denkverbote gibt. Wenn ich mit den hier versammelten Texten die Diskussion auf die eine oder andere Art und Weise beleben kann, bin ich schon mehr als zufrieden.

Wien, im Oktober 2020


Thomas HEINZE



P.S.: Mein großer Dank geht an den Kulturverein „Alberts Bücherlager", Aichholzgasse 19, A-1120 Wien; insbesondere an Daniela NOITZ, in deren Format „Kellertexte" ich einige der hier abgedruckten Texte vor Publikum vortragen konnte und die mich auf ein paar „sehr oberflächliche Machosprüche" hingewiesen hat, die dann gestrichen wurden. Wenn schon Macho, dann nicht oberflächlich, sondern *„bad to the bone"*, würde ich sagen. Danke auch an alle Freunde und Verwandte, die mit ihren Kommentaren und Anregungen zur Vermeidung von Ungereimtheiten und missverständlichen Formulierungen beigetragen haben. Für Blödheiten, Fehler, unverständliche und grammatikalisch fragwürdige Sätze sowie auch für Gelungenes übernehme ich die volle Verantwortung.

# Inhalt

# 01 Der kleine Wurstsemmelfresser

## Essayistische Polemik

Ein kleiner Bub isst der um halb acht Uhr in der Früh in der Wiener U6 eine Extrawurstsemmel. Er fühlt sich wie der König der Welt, trägt Sonnenbrille, seine *Baseballcap* ist lässig auf die Seite gedreht. Er ist ungefähr drei Jahre alt, sitzt im Kinderwagen, die Beinchen sind hochgelegt wie bei einem CEO am Schreibtisch, wenn neues Personal mit demonstrativer Lässigkeit und Machtfülle beeindruckt werden soll. Der Bub schaut mehrmals um sich, bevor er immer wieder mit glücksverzerrtem Gesicht in die Extrawurstsemmel beißt. Weil: in der Semmel ist nicht nur Wurst, sondern auch eine dicke Schicht Butter, damit der kleine Bub bald groß, stark und fett wird und zum richtigen Mann heranwachsen kann. Insgesamt könnte man ihn ohne Coaching und Schminke als *Testimonial* für die Fleisch- und Milchindustrie abfilmen.

Der Bub fiel mir auf, weil ich kurz davor in fünf Zeitungen ziemlich aufgeregte Artikel über die neuesten Berichte des Weltklimarates[1] gelesen hatte, wonach das Ende unseres Planeten wegen Erwärmung, verursacht durch nicht nachhaltige Land- und Forstwirtschaft, unsachgemäße Fleisch- und Futtermittelproduktion, Waldzerstörung sowie Emissionen von Verkehr, Haushalten und Kraftwerken unmittelbar bevorstehe und wie alles mit allem zusammenhänge. Diese Entwicklung sei höchst bedenklich und schreckenerregend. Dem ist wenig hinzuzufügen und die Erkenntnisse des Weltklimarates werden außer von ein paar mächtigen illiteraten Polit-Gangstern wie Donald Trump und Jair Messias Bolsonaro auch nicht in Zweifel gezogen oder ignoriert. Was hat das mit dem Buben in der U-Bahn zu tun? Nach meinem

---

[1] https://www.de-ipcc.de/media/content/Hauptaussagen_SRCCL.pdf [29 09 2020]

Eindruck ist der Wurstsemmelverzehr, insbesondere der Extra-
wurstsemmelverzehr, eine neuzeitliche Erziehungsmethode: „Wenn du
nicht gleich brav bist, kriegst Du keine Wurstsemmel mehr!" Das ist ein
Satz, den ich vor dreißig Jahren von einem Vater gegenüber seinem
Sohn gehört habe. Ich habe den Mann in jenem Moment für ziemlich
bescheuert gehalten. Damals wusste ich noch nicht, welche Glücks-,
Stolz- und Überlegenheitsgefühle eine mit Fleisch- und Knochen-
abfall, Mehl, Zucker und Salz, Farbstoffen sowie Fett gefüllte Semmel
in Kindern auslösen kann, eine Extrawurstsemmel eben.

Bis ich heute dieses Kind sah. Hier zur Illustration ein paar Zahlen zum
Einstieg in die Thematik[2]: Jeder Deutsche verzehrt im Durchschnitt 60
Kilogramm Fleisch pro Jahr, das sind über 1000 Tiere in seinem Leben (Würmer und sonstige Tierlein in Kirschen, Zwetschken und Äp-
feln sowie Schnecken im Salat nicht mitgerechnet). Seit den fünfziger
Jahren des 20. Jahrhunderts hat sich der Konsum von Fleisch mehr
als verdoppelt. In Österreich ist das nicht viel anders, nur halt ein bisschen mehr - ungefähr 95 Kilogramm Fleisch werden hier pro Person
und Jahr verschlungen[3].

Der „globale imperiale Kapitalismus"[4] und seine Ideologie vom „Fleisch
Essen ist ein Menschenrecht" und „bevor wir daran etwas ändern,
machen wir lieber den Planeten kaputt" ist in den Seelen von dreijährigen Kindern angekommen. Fleisch essen ist Coolness und Glück,
bedeutet Überlegenheit; heißt etwas zu haben, was andere nicht haben. All dies war an der Mimik dieses dreijährigen Kindes in der Wie-

---

[2] ABE, Nicola (2019), Wie lebende Maschinen, in: DER SPIEGEL Nr. 33 10.8. 2019, Seite 31
[3]Daten für 2019, Quelle: https://www.addendum.org/fleisch/fleischkonsum-in-oesterreich/ [12 08
2020]
[4] vgl. BRAND, Ulrich / WISSEN, Markus (2017), Imperiale Lebensweise – Zur Ausbeutung von
Mensch und Natur im globalen Kapitalismus. München: OEKOM Verlag

ner U-Bahn deutlich abzulesen. Die skizzierte Ideologie des „Fleisch-
essens als Menschenrecht" hatte eindeutig und klar ersichtlich einen
vollständigen und schwer rückgängig zu machenden Sieg bei diesem
Kind und nicht nur bei diesem davongetragen.

Man soll solche Situationen nicht allzu sehr mit Bedeutung aufladen.
Ich habe jedoch den Eindruck, das Bild ist stimmig und ich beschreibe
es nur.

Der kleine dreijährige Chef mit der Beute, die er, stolz und von anderen Bewunderung erwartend, öffentlich verschlingt. Die Extrawurstsemmel ist sein Eigentum, er darf sie aufessen, ohne teilen zu müssen. Dieser Aspekt kommt noch hinzu, um die Symbolik zu vervoll-
ständigen: Das Eigentum.

Eigentum an Extrawurstsemmeln, Eigentum an Dingen generell, Eigentum an Menschen und Tieren. Eigentum an der Erde.

Jair Messias Bolsonaro, der Präsident des Landes Brasilien, hat kürzlich unabsichtlich eine Wahrheit und Notwendigkeit in den Focus der
interessierten Öffentlichkeit gestellt: Er will sich dagegen wehren, dass
die zufällig im Territorium Brasiliens und im angeblichen Eigentum seiner Freunde befindlichen Regenwälder des Amazonasbeckens durch
NGOs und internationale Organisationen „enteignet" werden sollen, indem sie unter Schutz gestellt werden und indem man Herrn Bolsonaro und seinen Freunden aus der Agraroligarchie Brasiliens bei ihren
Verbrechen gegen das Ökosystem Amazonaswald und den darin lebenden Menschen auf die Finger schaut.

Jair Messias Bolsonaro zog mit folgenden und ähnlichen Sprüchen durch das Land Brasilien und beeindruckte damit seine Wähler so sehr, dass sie ihn 2018 mit einer Mehrheit von 54 bis 55[5] Prozent zum Präsidenten wählten. Was waren seine Wahlkampfslogans sinngemäß oder wörtlich?

*„Die anderen wollen uns den Amazonaswald wegnehmen, indem sie über seine Nutzung mitbestimmen."*

*„Dagegen müssen wir, das Volk, uns wehren!"*

*„Dieser Wald ist unser Eigentum, Wir können damit machen, was wir wollen!"*

*„Der Wald ist kein Menschheitserbe!"*
*„Er ist nicht die Lunge dieser Welt!"*

Die letzten beiden Sätze sagte Bolsonaro in einer Rede vor der Vollversammlung der Vereinten Nationen.[6] Leider fiel ihm niemand öffentlich ins Wort.

Zur Illustration der Lage in Brasilien nachfolgend ein Zitat aus dem Magazin *"The Economist"*, bisher nicht bekannt als die Speerspitze der Ökologiebewegung:

---

[5]Je nach Quelle waren es 55 oder 54 %, die Bolsonaro gewählt haben. Der genaue Prozentsatz ist nicht so wichtig, es waren offenbar mehr als 50 Prozent, wovon ungefähr die Hälfte nicht schreiben und lesen kann. vgl. den Aufsatz „Plädoyer für einen Wählerführerschein" in diesem Buch
[6]BLASBERG, M. (2020), Rachefeldzug in: DER SPIEGEL Nr.33 vom 8.8.2020, S. 77

*"Nowhere are the stakes higher than in the Amazon basin - and not just because it contains 40% of Earth's rainforests and harbours 10-15% of the world's terrestrial species. South America's natural wonder may be perilously close to the tipping-point beyond which its gradual transformation into something closer to steppe cannot be stopped or reversed, even if people lay down their axes. Brazil's president, Jair Bolsonaro, is hastening the process - in the name, he claims, of development. The ecological collapse his policies may precipitate would be felt most acutely within his country's borders, which encircle 80% of the basin - but would go far beyond them, too. It must be averted."*[7]

Ein zu direkter Weg vom glücksverzerrten Gesicht eines wurst-semmelessenden Kindes in der Wiener U-Bahn zur Frage der Bedeutung des Eigentums und der Zerstörung von planetaren Lebensgrundlagen? Im vorliegenden Fall scheint mir das durchaus plausibel und nachvollziehbar. Schauen wir zu Beginn der weiteren Überlegungen und zur Einstimmung in das Thema einmal bei der Juristerei nach, was hier „state of the art" bezüglich der Frage des Eigentums ist.

„Der Eigentümer hat das alleinige Recht, mit der Sache nach Belieben zu schalten und zu walten und jeden Dritten davon auszuschließen." So steht es im § 354 des Allgemeinen Bürgerlichen Gesetzbuches (ABGB).

Dieses Werk stammt aus dem Jahre 1812 und ist teilweise heute noch gültig. Man kann es ohne Übertreibung als die „weltliche Bibel" be-zeichnen, die dem gesamten 19. Jahrhundert und seinen kolonialen Verbrechen und Perversionen als Drehbuch diente bzw. diese legiti-mierte. Jüngere Hervorbringungen der Juristerei sind etwas vorsichti-ger geworden betreffend die Definition des Eigentums. Die Europä-

---

[7] https://www.economist.com/leaders/2019/08/01/deathwatch-for-the-amazon [13 08 2019]

ische Menschenrechtskonvention aus dem Jahr 1952 formuliert folgendermaßen in Artikel 1:[8]

> „Jede natürliche oder juristische Person hat das Recht auf Achtung ihres Eigentums. Niemandem darf sein Eigentum entzogen werden, es sei denn, daß das öffentliche Interesse es verlangt, und nur unter den durch Gesetz und durch die allgemeinen Grundsätze des Völkerrechts vorgesehenen Bedingungen.
>
> Artikel 1 beeinträchtigt jedoch nicht das Recht des Staates, diejenigen Gesetze anzuwenden, die er für die Regelung der Benutzung des Eigentums im Einklang mit dem Allgemeininteresse oder zur Sicherung der Zahlung der Steuern oder sonstigen Abgaben oder von Geldstrafen für erforderlich hält."[9]

Präzise gefragt: können zu Anfang des 21. Jahrhunderts natürliche oder juristische Personen Eigentümer eines der wichtigsten planetaren Ökosysteme sein und mit diesem nach Belieben schalten und walten?

So wie es die Juristen zu Anfang des neunzehnten Jahrhunderts formuliert haben und wie es Herr Bolsonaro, der Präsident des Landes Brasilien, zweihundert Jahre später immer noch für angemessen hält?

Jair Messias Bolsonaro, der eine militärische Ausbildung als Fallschirmspringer genossen hat und schätzungsweise knapp bis drei zählen kann (eins, zwei, drei - springen), denkt offenbar, dass er und seine Kumpane mit den Amazonas-Wäldern, zufällig auf dem Territorium Brasiliens gelegen, nach „Belieben schalten und walten" können. Er hat ein Rechtsverständnis, wie es vor 200 Jahren schon Ausdruck einer völlkig skrupellosen feudalistischen und bourgeoisen Herrscher- und Ausbeuterklasse war. Rechtsverständnis ist wohl nicht ganz der richtige Ausdruck; dieser Herr hat kein Verständnis von Recht, sondern ein extrem primitives Verständnis von Macht und jedes Mittel ist ihm recht, diese durchzusetzen: Mord, Totschlag, Zerstörung,

---

[8] https://www.menschenrechtskonvention.eu/zusatzprotokoll-emrk-9251/#0-artikel-1---schutz-des-eigentums [28 09 2020]
[9] Ebd.

Täuschung, Lüge, Erpressung, der ganze Werkzeugkasten. Was halt so ein Mafia-Häuptling alles können muss - alles bloß kein ziviles Rechtsverständnis, denn Recht existiert für ihn nur dann, wenn er es selbst definiert und damit seine eigenen kriminellen Interessen und die seiner Freunde durchsetzen kann.

Nach meiner Einschätzung muss man Herrn Bolsonaro sehr entschieden entgegentreten und ihm deutlich und unter Zuhilfenahme aller derzeit legalen und möglicherweise auch darüber hinausgehenden Drohmittel sagen:

*„Herr Bolsonaro, Sie können selbstverständlich diese Ansichten haben, Meinungsfreiheit gilt leider auch für illiterate Hohlköpfe und Gangster wie Sie."*

*„Ihre Ansichten sind jedoch völlig irrig und falsch."*

Der Amazonas-Regenwald ist nicht Ihr Eigentum bzw. das Eigentum Ihrer Freunde und Ihrer Unterstützer aus der Agraroligarchie Brasiliens. Sie können und dürfen schon gar nicht damit beliebig „schalten und walten," wie man noch zu Anfang des 19. Jahrhunderts glaubte und dann in der Folge ganze Länder raubte und ihre Einwohner und Rohstoffe als Eigentum behandelte, mit dem man nach Belieben und zynischer Laune „schalten und walten" konnte.

Es ist am Anfang des 21. Jahrhunderts mit dem heutigen Wissen über den Zustand des Weltklimas weder richtig noch legitim, wenn Sie Ihren Nachbarn durch Ihr beliebiges, unkundiges und zerstörerisches „Schalten und Walten" Schaden zufügen und dadurch gleichzeitig ei-

nes der global bedeutendsten Ökosysteme, den Amazonas-Regenwald, beeinträchtigen, zerstören, in letzter Konsequenz gänzlich zum
Verschwinden bringen wollen. Das muss und wird verhindert werden,
seien Sie dessen gewiss.

Nachbar des Herrn Bolsonaro und seines Landes ist in einer globali-
sierten Welt und in dem Zustand, in dem sich das planetare Klima
nach dem zitierten Bericht des Weltklimarates befindet, jeder einzelne
Mensch, jedes einzelne Land auf dieser Erde.

Das beliebige „Schalten und Walten" mit einem Ökosystem, das dieser
völlig skrupellose Fallschirmspringer Bolsonaro als das Eigentum
seines Landes und der „Grundbesitzer" betrachtet, bringt den
gesamten Planeten in Gefahr. In einem solchen Fall darf und muss die
Weltöffentlichkeit, vertreten durch die UNO, Ihnen und Ihrem Land,
sehr geehrter Herr Hauptmann Bolsonaro, die Verfügungsgewalt über
Ihr angebliches Eigentum entziehen, weil Sie und Ihre Regierung in
dem begründeten und dringenden Verdacht stehen, nicht über die
Fähigkeiten zu verfügen, dieses Ökosystem von planetarer Bedeutung
richtig zu verwalten, zu schonen und zu schützen. Die Welt-
öffentlichkeit, vertreten durch die UNO sollte das in Rede stehende
Territorium so rasch als möglich enteignen, um es vor Ihnen und Ihren
Freunden und dem klar ersichtlich völlig unqualifizierten „Schalten und
Walten" in Sicherheit zu bringen und nachhaltig bewahren zu können.

Die Europäische Menschenrechtskonvention 1952 definiert die Eigen-
tumsfrage sehr differenziert. ich wiederhole das, weil es für das Thema von entscheidender Bedeutung ist:

"Jede natürliche oder juristische Person hat das Recht auf Achtung ihres
Eigentums. Niemandem darf sein Eigentum entzogen werden, es sei denn,
dass das öffentliche Interesse es verlangt, und nur unter den durch Gesetz

und durch die allgemeinen Grundsätze des Völkerrechts vorgesehenen Bedingungen."

Ich sage: Das öffentliche Interesse und die Lage des Planeten verlangen es, dass die Zerstörung von Ökosystemen von planetarer Bedeutung (und nicht nur von solchen) sofort und ohne Verzögerung unterbunden wird. Das muss mit robusten Massnahmen geschehen, die Zeit zu reden ist verstrichen. Die in Brasilien durch Herrn Bolsonaro und seine Freunde begangenen Handlungen[10] sind *Crimes against humanity* im wahrsten Sinne des Wortes: Abgesehen von den kriminellen Akten gegen das Ökosystem handelt es sich gleichzeitig auch um den bandenmäßig organisierten Versuch, die im Amazonasgebiet lebenden Menschen auszurotten. Bolsonaro bezeichnet die dortigen Ureinwohner als „Tiere im Zoo"[11] Vielleicht ist dieser neuerliche Genozid im 21. Jahrhundert ein Anlass, das Weltgewissen und die UNO-Bürokraten und Gremien aufzurütteln? Das haben wir uns doch geschworen nach Auschwitz, dass es nie wieder eine systematische Ausrottung von Menschen geben darf und dass bei einem solchen Anlass jede Maßnahme ergriffen werden muss (militärische inklusive), die solchem Treiben Einhalt gebietet. Allerdings: Wo sind die Blauhelme, die die Menschen des brasilianischen Regenwaldes schützen und die Holzfäller, Goldsucher, Viehzüchter und alle übrigen Handlanger von Bolsonaro und seinen Ministern und Geschäftspartnern festnehmen und verurteilen? Warum interessieren diese Vorgänge niemanden außer vielleicht ein paar Feuilleton-Schreibern und alten Männern wie mich? Und warum lässt man den Kopf dieser Genozid-Bande in der UNO-Vollversammlung überhaupt reden und verhaftet ihn nicht sofort?

---

[10]vgl. hierzu den gut recherchierten Aufsatz von BLASBERG, M. (2020), Rachefeldzug in: DER SPIEGEL Nr. 33, vom 8.8. 2020 S. 70 ff
[11]https://www.profil.at/ausland/brasilien-angst-ureinwohner-jair-bolsonaro-10939653 [16 08 2020]

„Amazonien, zürnte Bolsonaro in New York, sei so gut wie unberührt. Im Übrigen hätten auch andere Länder wie etwa Deutschland einen Großteil ihrer Wälder abgeholzt. Wald oder Wohlstand, das sei hier die Frage. „Es ist eine Fehlannahme, dass Amazonien ein Erbe der Menschheit ist", zeterte der Mann, „es ist eine Fehlannahme der Wissenschaftler, zu behaupten, unsere Wälder seien die Lunge der Welt." Es gebe, beharrte Bolsonaro, kein abstraktes globales Interesse. Ihm geht es um Souveränität. Kurz: Wir dürfen mit unserem Land machen, was wir wollen."[12]

Weiter mit der Entwicklung des Eigentumsbegriffs in der Europäischen Menschenrechtskonvention des Jahres 1952; ich wiederhole das absichtlich noch einmal, auch auf die Gefahr hin, einige Leser zu nerven:

„Eigentum beeinträchtigt jedoch nicht das Recht des Staates, diejenigen Gesetze anzuwenden, die er für die Regelung der Benutzung des Eigentums im Einklang mit dem Allgemeininteresse oder zur Sicherung der Zahlung der Steuern oder sonstigen Abgaben oder von Geldstrafen für erforderlich hält."

Im „Einklang mit dem Allgemeininteresse" ist hier der Schlüsselbegriff. Es steht nach meiner Überzeugung völlig außer Diskussion, dass es im Allgemeininteresse liegt, die Zerstörung von Ökosystemen von globaler Bedeutung – und nicht nur von solchen - zu verhindern, rückgängig zu machen und jedenfalls alles zu unternehmen, um skrupellose Berufsverbrecher wie Bolsonaro daran zu hindern, an deren Zerstörung zu arbeiten bzw. diese zu fördern oder durch permanente Rechtsbrechung und Rechtsbeugung zuzulassen. Ob Berufsverbrecher wie Bolsonaro von großteils Analphabeten[13] „demokratisch" zum Präsidenten gewählt sind, spielt in dem Zusammenhang überhaupt keine Rolle.

Zurück zu Fragen des Rechts, des Völkerrechts, des internationalen Umweltrechts, falls es so etwas gibt.

---

[12]https://www.tagesspiegel.de/kultur/gesetze-und-moral-beim-klimaschutz-wem-gehoert-amazonien/25084512.html [04 10 2020]
[13]vgl. hierzu den Essay „Plädoyer für einen Wählerführerschein" in dieser Textsammlung

„Völkerrechtler diskutieren seit einigen Jahren, ob der Grundsatz der internationalen Schutzverantwortung *(responsibility to protect)* auch auf die Klimakrise ausgeweitet werden kann. Nach diesem Prinzip kann die internationale Gemeinschaft in die Souveränität eines Staates eingreifen, wenn dieser seine Bevölkerung nicht vor schwersten Menschenrechtsverletzungen schützt. Dass die Erderwärmung Menschenrechte wie zum Beispiel das Recht auf Gesundheit oder Ernährung bedroht, ist inzwischen auch im Pariser Klima-Abkommen von 2015 festgehalten."[14]

Durch diese wenigen einfachen Überlegungen sind wir also vom wurstsemmelessenden Buben in der Wiener U-Bahn bei der globalen Ökopolitik angekommen.

Ermahnungen und erhobene Zeigefinger sind nicht mehr zeitgemäß, halbherzige individuelle Sanktionsversuche wie die der deutschen Umweltministerin Svenja Schulze[15] verursachen bei Zeitgenossen mit einem *mindset,* wie es Herr Hauptmann Bolsonaro hat, höchstens Lachanfälle.[16]

Die im Völkerrecht verankerte *„responsibility to protect"* scheint für die Menschen im Amazonas-Becken  anscheinend nicht zu gelten, sonst hätte in diesem Fall schon längst etwas passieren müssen, aber dieser Aufsatz ist kein laienhaftes Proseminar zum Völkerrecht. Daher nur ein Zitat, das die derzeitige Lage wahrscheinlich treffend charakterisiert:

---

[14]https://www.zeit.de/2019/36/indigene-brasilien-amazonas-tenharim-braende-bedrohung-rinderzuechter/ seite-2 [04 10 2020]
[15] „Schulze will wegen der stark zunehmenden Rodung im Amazonasgebiet die Förderung von Projekten zum Schutz von Wäldern und Artenvielfalt in Brasilien beenden. Dabei geht es um 35 Millionen Euro."Quelle: https://www.haz.de/Nachrichten/Politik/Deutschland-Welt/Schulzes-Millionen-Stopp-fuer-Brasilien-verpufft [28 12 2019]
[16]Aber immerhin, Frau Schulze hat reagiert, während andere weg- oder zuschauen. Dafür gehört sie vor den Vorhang!

„Schädigt ein Staat durch Rohstoffausbeutung, Abholzung, Staudämme oder in-
dustrielle Dreckschleudern andere Länder, können diese sich mittlerweile vor dem
Internationalen Gerichtshof wehren, also vor dem Gericht der Vereinten Nationen.
Im Februar 2018 formulierte das Gericht erstmals in einem Urteil, dass "Um-
weltschäden und daraus folgende Verluste der Fähigkeit der Umwelt, Güter und
Dienstleistungen zu erbringen, nach internationalem Recht entschädigt werden
müssen".[17]

Dies gilt selbstverständlich nur unter Bedingungen:

„Unter der Voraussetzung [...] nämlich: Die schädigende Handlung muss
internationalem Recht widersprechen. Nun existieren zwar internationale
Abkommen zum Schutz der Wälder und ebenso des Klimas, sie sind aber
ohne Rechtsverbindlichkeit. Bolsonaro kann auf sie pfeifen."[18]

Mit der *„responsibility to protect"* ist wohl im vorliegenden Fall
Brasiliens nicht rechtzeitig viel anzufangen. Der von Bolsonaro und
seiner Gang organisierte Genozid an den Ureinwohnern des Amazonas Beckens ist offenbar noch nicht im zentralen Focus der UN. Es
wird allerdings durchaus heftig über die Weiterentwicklung des Prin-
zips der *responsibility to protect* nachgedacht. Ich verweise in diesem
Zusammenhang auf die Publikation der *International Commission on
Intervention and State sovereignty.*[19]

Das folgende Zitat dient zur Illustration, dass ich mit den obigen Überlegungen fast schon *Mainstream* bin, und um nicht den Eindruck entstehen zu lassen, hier sei einem wütenden alten Mann das Tem-
perament entglitten. Das Folgende stand in DER SPIEGEL Nr.
34/2019:

---

[17]https://www.zeit.de/2019/36/indigene-brasilien-amazonas-tenharim-braende-bedrohung-
rinderzuechter/seite-2 [04 10 2020]
[18]https://www.zeit.de/2019/36/indigene-brasilien-amazonas-tenharim-braende-bedrohung-
rinderzuechter/seite-2 [04 10 2020]
[19]International Commission on intervention and State Sovereignty (2001) The Responsibility to
protect - Ottawa: The International Development Research Centre
http://responsibilitytoprotect.org/ICISS%20Report.pdf [04 10 2020]

„Es ist Zeit für Sanktionen gegen Brasilien" [...] Es ist Zeit, über diplomatische und wirtschaftliche Sanktionen gegen Brasilien nachzudenken. Die mächtigen Groß-farmer, die Bolsonaro maßgeblich unterstützen, müssen spüren, dass ihre Haltung einen Preis hat. Denn ihr Idol [gemeint ist B.] fügt nicht nur seinem eigenen Land unermesslichen Schaden zu, sondern dem gesamten Erdball."[20]

Angesichts der Dringlichkeit und Bedeutung der Probleme im Zusammenhang mit dem planetaren Klima plädiere ich für rasche und robuste Sanktionen und Massnahmen, nämlich für eine schnelle Eingreiftruppe mit Vorbild bei den Blauhelmen der UNO, die bei akuten ökologischen Katastrophen mit Sachverstand und militärischen Mitteln eingreift und das lokale/nationale Management ersetzt. Das wäre dann eine zeitlich und regional begrenzte international agierende mobile „Ökodiktatur" und würde ihrerseits möglicherweise ein paar bisher gültige Gepflogenheiten ignorieren. Das macht nichts. Skrupellose *Gangster* wie Messias Bolsonaro und seine Freunde muss man mit robusten Maßnahmen bekämpfen, anders sind sie nicht zu stoppen. Ein militärisch ausgebildeter Präsident wie Bolsonaro versteht nur Gewalt und Waffen als Argument. Sie sind die einzige Möglichkeit, ihn und seine Gangsterbande, die sich Minister nennt,[21] von ihrem verbrecherischen Handeln abzubringen. Man kann einen außer Kontrolle geratenen Flugzeugträger nicht mit Steinschleudern bekämpfen und mit feingliedrigen und sensiblen Diskussionen über die Rechtmäßigkeit seiner Existenz und seiner Zerstörungskraft ist er nicht zu stoppen.

Ich denke konkret an die Notwendigkeit einer bewaffneten Eingreiftruppe, „Grünhelme" könnte sie genannt werden (analog zu den UN-Blauhelmen), mit *good Governance-Expertise,* ökologisch-natur-

---

[20] GLÜSING, Jens (2019), Es ist Zeit für Sanktionen gegen Brasilien, in: DER SPIEGEL Nr. 34 vom 17.8. 2019, S. 66
[21] vgl. den Aufsatz von BLASBERG, M. (2020) Rachefeldzug in: DER SPIEGEL Nr. 33, 8.8. 2020, S. 70 ff

wissenschaftlichem Sachverstand und militärischen Möglichkeiten, die auf Beschluss des Sicherheitsrates oder aufgrund einer UN Resolution und auf Vorschlag eines möglicherweise ebenfalls zu gründenden *World Ecology Councils* Verbrecher wie Bolsonaro und seine Zuarbeiter und Zuarbeiterinnen aus dem Verkehr ziehen kann und statt dessen sachkundige Beamte, Gouverneure, Verwalter etc. einsetzt. Vorbild könnte die UNO-Mandatskonstruktion sein, die ein Land bzw. eine Region bei „gefährlichem Versagen mit Auswirkungen auf den gesamten Planeten"[22] unter internationale Verwaltung stellt. Ich denke hier an die Konstruktion, die für den Prozess der Unabhängigkeit Namibias gefunden und angewendet wurde; mit dem Ergebnis, dass Namibia seit 1990 ein unabhängiger Staat ist, von dem kaum Negatives zu hören ist. Nachfolgend das Wichtigste zu dieser erfolgreichen und beispielhaften UN-Mission in Namibia.

„Die Unterstützungseinheit der Vereinten Nationen für die Übergangszeit, kurz UNTAG (von englisch *United Nations Transition Assistance Group*) basierte auf der UN-Resolution 632 vom 16. Februar 1989 und war vom April 1989 bis März 1990 in Namibia eingesetzt. Das Ziel des UN-Mandats war die Umsetzung des Plans[23] für die Unabhängigkeit Namibias, insbesondere zur Sicherstellung fairer und freier Wahlen im Land.

Geführt wurde UNTAG aus dem Hauptquartier in Windhoek von Martti Ahtisaari aus Finnland in seiner Funktion als Sonderbeauftragter des Generalsekretärs und Leiter der Mission. Verantwortlich für die Führung der Streitkräfte waren von September 1978 bis Januar 1980 der österreichische Generalmajor Hannes Philipp und von Januar 1980 bis März 1990 der indische Generalleutnant Dewan Prem Chand, der ab März 1989 für die gesamten Einsatzkräfte verantwortlich war. Im Rahmen der polizeidienstlichen Komponente stand ihm von März 1989 bis 1990 der Ire Stephen Fanning als Verantwortlicher beiseite. [...] [Das militärische Personal für UNTAG wurde aus über 50 Nationen gebildet.]"[24]

---

[22] Dies ist im Falle der feststellbaren und weiter betriebenen Zerstörungen im Amazonas-Becken nach meiner Ansicht eindeutig der Fall.
[23] Ich darf mit Stolz sagen, dass ich Gelegenheit hatte, als Consultant der UNIDO in Wien an diesem Plan mitzuarbeiten.
[24] https://de.wikipedia.org/wiki/Unterst%C3%BCtzungseinheit_der_Vereinten_Nationen_f%C3%BCr_die_%C3%9Cbergangszeit [22 08 2019]

Eine solche Maßnahme klingt kompliziert und ist es im Falle Brasiliens auch. Das sollte allerdings nicht als Ausrede dienen, nichts zu tun und Herrn Bolsonaro und seinen Freunden bei ihrem Zerstörungswerk weiterhin mehr oder weniger entsetzt zuzuschauen und das Schicksal des Planeten lediglich zu beklagen. Ich möchte mit diesem Vorschlag deutlich machen, dass eine bloße Zuschauerposition, der Weltgemeinschaft im Falle der Vorgänge in Brasilien der Bedeutung des Problems völlig unangemessen ist und und schnell wirksame Maßnahmen gefunden und durchgeführt werden müssen. Hier gibt es wirklich „Grund zur Panik"[25]. Wenn nichts geschieht, ist das ein *„fatal Error"*, der nicht zu korrigieren ist. Ist der Wald weg, ist der Mensch weg, weil „die Erde wird unbewohnbar wie der Mond"[26]. So einfach ist das. Ich möchte anmerken, dieser Aufsatz wurde in seinen hauptsächlichen Teilen geschrieben, bevor alle Welt extrem beunruhigt war, dass der Amazonas-Regenwald nun abgefackelt wird; angezündet, um Weideland zu schaffen oder Soja anbauen zu können, beides für die Fleischproduktion, damit unsere Buben weiterhin Extrawurstsemmeln vertilgen können. Dies geschieht auf Aufforderung und/oder Duldung des erwähnten Jair Messias Bolsonaro, des kürzlich „demokratisch" von zu einem großen Teil des Lesens und Schreibens unkundigen Wählern[27] gewählten Präsidenten Brasiliens.

Lügnern und Berufsverbrechern wie Messias Bolsonaro und seiner Klientel und seinen und deren Helfershelfern darf nicht tatenlos das Schicksal des Planeten Erde überlassen werden. Das ist nicht nur ex-

---

[25] Greta Thunberg sagte sinngemäß: „Ich will, dass ihr handelt, als wenn euer Haus brennt, denn das tut es", fand die Schwedin drastische Worte. „Erwachsene sagen immer wieder: Wir sind es den jungen Leuten schuldig, ihnen Hoffnung zu geben. Aber ich will eure Hoffnung nicht", so Thunberg. „Ich will, dass ihr in Panik geratet, dass ihr die Angst spürt, die ich jeden Tag spüre."
[26] vgl. den Roman von ZWERENZ G. (1976), Die Erde ist unbewohnbar wie der Mond, Frankfurt a. M.: Fischer Verlag
[27] vgl. zu den entsprechenden Statistiken meinen Essay „Plädoyer für einen Wählerführerschein" in diesem Buch und die dort angegebenen Quellen.

trem dumm, sondern selbstmörderisch, verantwortungslos und selbst strafwürdig, gesehen aus einer verantwortungsethischen Position für den Erdball, auf dem wir durchs Universum sausen. Daher: hier ist Zuschauen ein mindestens ebenso großes Verbrechen wie das von Bolsonaro und seinen Freunden unter unseren Augen öffentlich begangene und man macht sich zum Komplizen und Helfershelfer, wenn man es lediglich bei mahnenden Worten belässt. Der Fallschirmspringer Bolsonaro gehört aus dem Verkehr gezogen. Und zwar so rasch wie möglich. Bei seinem nächsten Fallschirmsprung sollte dafür gesorgt werden, dass der Fallschirm sich nicht öffnet. Das wäre die eleganteste Lösung und sehr unauffällig. Das ist allerdings nur eine von vielen Möglichkeiten, der Hydra den Kopf abzuschlagen. Es gibt auch Messer, Schwerter und sehr durchschlagskräftige Projektile sowie gute Hanf- und Polyesterseile. Nein, das ist keine Aufforderung zum finalen Handeln. Mit Berufsverbrechern wie Bolsonaro kann man allerdings nicht über die Legitimität ihrer Handlungen diskutieren. Mit Reden, Informieren und Argumentieren lassen sie sich aller Erfahrung nach nicht überzeugen, mit ihren Verbrechen aufzuhören. Sollte sich jemand die Mühe machen wollen, diesen Herrn auf die eine oder andere Weise aus dem Verkehr zu ziehen und ich hätte ihm*ihr in diesem Aufsatz ein paar Argumente geliefert, würde mich das keineswegs stören. Ein Prozess gegen Bolsonaro und seine Bande vor dem internationalen Strafgerichtshof würde zu lang dauern und der Ausgang wäre ungewiss[28]. Bis geklärt ist, ob das *responsibility to protect*-Prinzip im vorliegenden Fall anwendbar ist, dauert es im besten Fall Jahre. Die von mir angedeutete finale Handlung gegenüber Bolsonaro wäre nach meinem in diesem Fall möglicherweise naiven Rechts-

---

[28] Für Juristen ist nichts eindeutig, außer einer „Smoking gun" vielleicht; daher neige ich dazu, diesen Weg zwar für grundsätzlich gangbar zu halten, halte die Erfolgswahrscheinlichkeit allerdings für gering. Aber es steht mir natürlich nicht zu, als MOJS - „Mann ohne Jus-Studium" zu juristischen Fragen Einschätzungen oder Urteile abzugeben.

verständnis eindeutig Notwehr und somit ist dies keine Aufforderung zum Mord, sondern höchstens ein Aufruf zur Notwehr. *Bugger off, Mofo!*

*23 08 2019/ korr 15 08 2019, 12 10 2020*

# 02 Are Clowns Madmen or are Madmen Clowns?

## Essayistische Polemik

Warum wählt das Stimmvolk in sogenannten "reifen Demokratien", aber auch anderswo, in *„emerging democracies"*, immer öfter Clowns an die Staatsspitze?

Eine befriedigende Antwort auf diese Frage ist komplexer, als es auf den ersten Blick scheint.

Ich beginne mit einem einfachen Erklärungsansatz: Das Stimmvolk wählt *Clowns* an die Staatsspitze, weil es die ideenlosen, unlustigen, sogenannten „Parteipolitiker" bis zum Stehkragen satt hat. Die Wählenden wollen unterhalten sein und die müde und uninspiriert dahergestammelten, meist grammatikalisch fragwürdigen Schachtelsätze und Kalauer der auf Parteiakademien ausgebildeten Politikerdarsteller in Dreiteiler und gedeckter Krawatte oder im Business-Kostüm nicht mehr hören. Das lässt sich in vielen Fällen nachvollziehen.

Statt dessen wählt man Volodymyr Zelinsky (Ukraine), Donald Trump (USA), Beppe Grillo (Italien), Jimmy Morales (Guatemala), Jon Gnarr (Island), Boris Johnson (England),[29] an die Spitze des Staates oder in andere vergleichbare Positionen. Die Häufung von Clowns, Spassmachern und Illiteraten an den Staatsspitzen in wichtigen Ländern ist zu offensichtlich, um sie als Zufall abzutun oder ausschließlich der Bildungsferne des jeweiligen Stimmvolks anzulasten.

---

[29] vgl. https://www.ft.com/content/5d25d042-756e-11e9-be7d-6d846537acab [23 08 2019]

Mir scheint, da steckt mehr dahinter, fast schon eine Art System. Keine Sorge, ich will hier keine Verschwörungstheorie entwickeln. Es ist lediglich sehr auffällig, wie viele Kasperfiguren von der genannten Sorte es in der letzten Zeit zu Staatsoberhäuptern gebracht haben. Das ist beobachtbar, zählbar und gibt nach meinem Eindruck Anlass zur Beunruhigung. In diesem Aufsatz möchte ich der Frage nachgehen, welches die Gründe und Hintergründe für dieses Phänomen sein könnten.

Präzise gefragt, wenn es ein System ist oder zumindest System hat, dass weltweit so viele Clowns an die Staatsspitze gewählt werden, was könnte das für ein System sein?

In der folgenden Argumentation möchte ich möglichst vermeiden, in einen weit verbreiteten sentimentalen Kulturpessimismus abzugleiten: „Es liegt an der allgemeinen Dekadenz, an der Verachtung von Autoritäten, an der Ablehnung von Bildung und Wissenschaft, dem Ekel vor den ‚abgehobenen und korrupten Eliten' und so weiter." Diese Art von Gejammer meine ich. Die Dekadenz ist sowieso nach Meinung vieler an fast allem schuld, also auch an den *Clowns*, vollständige Dekadenz eben, Selbstzerstörung, Untergangssehnsucht, Endzeitstimmung[30]. Diese Art von Erklärungsansätzen möchte ich hier nicht weiter verfolgen, obwohl durchaus einige davon einen gewissen Wert haben könnten.

Der lange in Mitteleuropa als Konsens geltende Gedanke und das Paradigma nicht nur der deutschen Politikwissenschaft, vertreten durch

---

[30]Ich nenne es jetzt spontan das Augustin-Syndrom, im Sinne des bekannten Liedes: „O du lieber Augustin, alles ist hin, alles ist hin . . . ." usw.

Klaus Offe[31], Oskar Negt, Jürgen Habermas und andere, ein demokratisch verfasstes Staatswesen sei durch rationale Entscheidungen zum Wohle aller oder zumindest der größten Zahl zu steuern und zu lenken, ist offenbar dabei, seine Gültigkeit, Akzeptanz und Relevanz einzubüßen.

Statt dessen wählt das Stimmvolk die organisierte Irrationalität und Volatilität, die „Ein-Satz Tweet-Politik" und die halbwegs lustigen Stand-up Comedians wie Johnson und Zelinsky. Von Boris Johnson wird gesagt, er könne seine Zuhörerschaft so gut unterhalten, dass die Leute brüllen vor Lachen und am Schluss gar nicht mehr wissen, wieso sie ihn eigentlich unterstützen.

„Send in the Clowns", so wollte ich diesen Essay ursprünglich betiteln. So lautet der die Überschrift eines Aufsatzes einer Clownin namens Jenny Lee[32] in der Financial Times. Vielleicht ist diese Hervorbringung ein Anzeichen für einen heraufdämmernden Paradigmenwechsel. Die Finanzwelt lässt sich in ihrem Zentralorgan von einer Clownin die politische Lage erklären.

Ist in der Finanzwelt etwas in Bewegung geraten? Einen politologischen oder staatstheoretischen Erklärungswert liefert der Aufsatz von Jenny Lee nicht, ist aber offenbar gut recherchiert und von fundierter Kenntnis der Clownwelt geprägt. Deshalb beziehe ich mich darauf. Die Autorin hat in Paris Clown studiert, bei den berühmtesten Clowns, wie sie nicht müde wird zu betonen. Das gibt es offenbar tatsächlich, man kann an der Universität Paris Clown studieren.

---

[31]Offe war als Professor für Politikwissenschaft und Soziologie von 1975 bis 1988 an der Universität Bielefeld, später auch an anderen renommierten deutschen Universitäten. Quelle: wikipedia

[32] https://www.ft.com/content/5d25d042-756e-11e9-be7d-6d846537acab [23 08 2019]

Im Ernst: warum will das Volk in immer mehr Ländern von *Clowns*, mit oder ohne *Clown*-Studium, regiert werden? Der *Clown* oder Spaßmacher war in absoluten Herrschaftssystemen wie Monarchien der Einzige, der dem König oder Kaiser widersprechen, ihn sogar lächerlich machen durfte. In dieser Historie des Spassmachers ist vielleicht auch zu Anfang des 21. Jahrhunderts noch ein Körnchen Wahrheit zu finden. Der Spassmacher durfte den König ungeschoren verhöhnen. Wen verhöhnt der *Clown*, der nun selbst König ist? Verhöhnt er sich selbst oder verhöhnt er die, die ihn an die Macht gebracht haben? Ich behaupte: Den heutigen Narzissten-*Clowns* ist es nicht gegeben, sich über sich selbst lustig zu machen.

Der an die Macht geratene moderne *Clown* verhöhnt diejenigen, die ihn an die Macht gebracht haben. Er verspricht, dass es dem weißen Arbeiter wieder besser gehen soll, wie Donald Trump es ständig hinausposaunt. Tatsächlich und statt dessen unterzeichnet Trump Steuererleichterungen für die *one percent super riches*. Aber die weiße Arbeiterschaft wird ihn trotzdem wieder wählen, weil sie gar nicht mitkriegt, wie sie verhöhnt wird, bzw. auch deshalb, weil die Kapitalfraktion bei Steuersenkungen investiert, dadurch ihre Rendite erhöht und ganz nebenbei neue Arbeitsplätze für Trump's Wähler schafft. Gleichzeitig sind Trump's Strafzölle auf Waren, die der „kleine Mann" so braucht, „gleichzusetzen mit einer großen Steuererhöhung"[33], sagt Barry Eichengreen, Volkswirt an der Universität *Berkeley*. Der Wirtschaftsnobelpreisträger Paul Krugman beziffert die Größenordnung dieser „Steuererhöhung" als Kaufkraftentzug von rund 100 Milliarden Dollar pro Jahr.[34] So also funktioniert die Trump'sche *Clown*- und Ver-

---

[33] Vgl. den Artikel Währung als Waffe in; Der SPIEGEL Nr. 33 10.8. 2019 S. 60
[34] Ebd.

höhnungspolitik. Das ist leicht erkennbar, sobald man einen etwas genaueren Blick hinter die Kulissen wirft.

Was steckt noch hinter dieser Sehnsucht nach *Clowns* an der Staatsspitze? Das Stimmvolk will die über Jahrzehnte ertragenen Lügen, Halbwahrheiten und Verdrehungen, lügnerischen Heilsbotschaften, falschen Versprechungen, die faden Märchen und die „es könnte so aber auch ganz anders sein - Rhetorikformeln", die Leerformeln und die NLP-Rülpser der sogenannten Berufspolitiker der Lächerlichkeit preisgeben.

Die Wählenden wollen vermittels des ins Amt gewählten *Clowns* den Beweis antreten, dass ein Staat auch durch unorganisierte Verantwortungslosigkeit, seichte und rassistische Sprüche und sexistisches Altherrengebrabbel zu lenken ist und mithin die gesellschaftliche Schicht der Berufspolitiker mit ihren Technokratenstäben und Juristen als vollkommen überflüssig betrachtet werden muss.

Diese öffentliche Beweisführung mittels Stimmabgabe an der Wahlurne hat mehrere Auswirkungen: Sie zeigt erstens dem Stimmvolk, dass sich der Ersatz von Berufspolitikern durch *Clowns* im Ergebnis der „*policies*" in nicht sehr viel unterscheidet. Die vermeintliche Entlarvung der Berufspolitiker als überflüssig hat allerdings eine Komponente, die man nicht übersehen sollte. Das ist ein Gesichtspunkt, der mir wichtig erscheint. Das System der Entscheidungsfindung durch kommunikative Akte, wie es von Habermas[35] und anderen analysiert und beschrieben wurde; die langwierigen Aushandlungsprozesse und

---

[35] vgl. HABERMAS, Jürgen (1995), Theorie des kommunikativen Handelns,Frankfurt a. M.: Suhrkamp Verlag

Kompromissfindungsrituale werden mit der Wahl eines *Clowns* der Lächerlichkeit preisgegeben und die scheinbare Obsoletheit dieses Systems öffentlich nachvollziehbar festgestellt und medial verbreitet.

Dieses System der Entscheidungsfindung und die dazu gehörige repräsentative Demokratie wurde mühsam in mehr als 400 Jahren[36] von Staatswissenschaftlern, Philosophen, Ökonomen und Juristen entwickelt und ständig verfeinert. *Madmen-Clowns* waren bei diesem gesellschaftlichen Prozess nicht dabei, sondern es waren die klügsten, ehrenwertesten und kreativsten Personen der jeweiligen Staaten. Ich bin der Ansicht, eine solche kulturelle Errungenschaft darf man sich nicht von ein paar *Madmen-Clowns* oder *Clown-Madmen* innerhalb kürzester Zeit zerstören lassen.[37]

Statt den langwierigen Aushandlungsprozessen zuzuschauen oder zuzuhören, die das System der liberalen Demokratie für Entscheidungsfindungen vorsieht, fordert und genießt das Stimmvolk die Sprüche des *Clowns*, der scheinbar aus dem Bauch heraus formuliert, und wunderbar politisch unkorrekt ist (*„grab them by the pussy"*).[38] Der Polit-*Clown* ist genau so unkorrekt, wie man selbst gerne sein möchte („er ist einer von uns"). Dazu wird von den *Clowns* von Fakten völlig unbelastet und unbeeindruckt daherschwadroniert: „Wir brauchen

---

[36]Diese Zahl ist wohl zu gering angesetzt; nimmt man die ersten Versuche für demokratische Regierungssysteme im antiken Griechenland als Beginn dieser Entwicklung, sind es wohl eher 2000 Jahre.

[37]Donald Trump hat es geschafft, die USA innerhalb von 4 Jahren von einer relativ unumstrittenen Führungsmacht der westlichen Welt zu einem „nearly failed state" herunterzuwirtschaften. Selbst die Durchführung von korrekten Wahlen ist in Gefahr bzw. muss angezweifelt werden. Die USA brauchen bei der nächsten Präsidentenwahl anscheinend dringend internationale Wahlbeobachter. Eine ordnungsgemäße Durchführung der Wahl 2020 kann scheinbar nicht mehr garantiert werden. vgl. dazu DER SPIEGEL Nr.33 vom 8.8.2020, S.82 f.

[38] *Trump described his attempt to seduce a married woman and indicated he might start kissing a woman that he and Bush were about to meet. He added, "I don't even wait. And when you're a star, they let you do it. You can do anything. ... Grab them by the pussy. You can do anything."* Commentators and lawyers have described such an action as sexual assault. Quelle: https://en.wikipedia.org/wiki/Donald_Trump_Access_Hollywood_tape [28 12 2019]

keine Wissenschaft, die uns die Klimasituation erklären will, alles Mumpitz von ein paar *Nerds*, die von *„the art of the deal"* keine Ahnung haben. Das gefällt dem Stimmvolk, das sich immer schon von professoralen Besser- und Alleswissern mit ihrem unverständlichen und herablassenden Sprachduktus veralbert und verachtet fühlte. Um zu illustrieren, was ich meine, hier ein kurzes Zitat von einem deutschen Universitätsprofessor für Soziologie an der Universität München:

> „offensichtlich sind Gesellschaften durch Zielkonflikte, Interessenskonflikte, vor allem aber Differenzen zwischen unterschiedlichen Erfolgsbedingungen geprägt, die es ausschließen, durch bloßen Willen und schlichte Posen Ziele zu erreichen."[39]

Ijoma Mangold, Literaturwissenschaftler und Journalist, beschreibt den Prozess des Bedeutungsverlustes der demokratischen Prozesse und Institutionen aus einer anderen Perspektive wie folgt:

> „Die Natur verhandle nicht, heißt es jetzt, wo man der Ansicht ist, dass unsere Prozesse politischer Kompromissfindung nicht mehr zeitgemäß seien angesichts des neuen Problemniveaus; dass die parlamentarischen Institutionen zu langsam arbeiteten in einer Situation, in der die Polkappen schmelzen. [...] Dass die Institutionen die Prozesse verlangsamen, gerade dafür hat man sie ja geschaffen! Weil wir davon ausgehen, dass die Wahrheit uns nicht zugänglich ist und die Einsicht von heute nicht die Einsicht von morgen sein wird. Gewissermaßen aus Skeptizismus, aus Selbstmisstrauen. Es soll nicht durchregiert werden, als kennte irgendwer die Wahrheit."[40]

Wir als Zeitgenossen und Beobachter dieser Vorgänge scheinen zu übersehen, dass der unterhaltsame *Clown* gleichzeitig ein Diktator, ein Horrorclown ist, der keinen Widerspruch duldet. Wer über die Späße des *Clowns*, seine Blödsinnigkeiten und Unverschämtheiten nicht lachen kann oder will, ist nicht zugehörig zum großen bunten *Clown*-Stamm, wird schnell zum humorbefreiten Gutmenschen-*Nerd*, zur Spaßbremse und zum Störenfried erklärt, den man bekämpfen und

---

[39]NASSEHI A. (2020), Die unerträgliche Trägheit des Seins, in: DIE ZEIT Nr. 36, 27.8. 2020, S. 5
[40]MANGOLD, I. (2020), Die Weisheit der Schildkröten, in: DIE ZEIT Nr. 38, 10.9. 2020, S. 45

mundtot machen muss, den man des Landes zu verweisen versucht, gesellschaftlich unmöglich macht oder gleich umbringt.

Zusammengefasst und etwas abgekürzt: die *Clown*-Politiker sind die Vorboten der Diktatur, uns wird der Spaß noch gehörig vergehen. Warum? Der *Clown,* genau wie der Diktator, muss seine Entscheidungen nicht begründen. Das Gejohle seines Publikums ist ihm Begründung genug und das Publikum johlt erfreut über kurze Sätze, die es leicht wiederholen kann. *„Send them home.“* " *Lock 'er up",* "Heil Hitler". Oder, für Wien, Österreich: „Wir wollen unsern Hace[41] als Bürgermeister!" - „der schickt die Museln ham", „daham statt Islam", „zu viel fremdes Blut tut selten gut", und so weiter in dieser Tonlage.

Ich möchte, wie zu Anfang gesagt, nicht mit erhobenem Zeigefinger herumwacheln und mich als Warner, Mahner oder Ober-Durchblicker darstellen.

Allerdings: eindeutig und neutral ist festzustellen: Das Lächerlichmachen von technisch-juristisch gebildeten Eliten und der von ihnen inszenierten und geleiteten Aushandlungs- und Entscheidungsfindungsprozesse führt nicht zu einem besseren Gemeinwesen. Dem *Clown* an der Staatsspitze, oft ein schwerer Borderliner mit heftiger narzisstischer Störung[42], ist das Gemeinwesen gleichgültig. Er will Rache nehmen für persönliche Kränkungen, Zurücksetzungen und Rückschläge. Er will Kritikern, die seine Unfähigkeit entlarven, den Mund verbieten. Er bedroht Journalisten, die seine Blödheiten und dreisten Lügen schreiberisch aufzeigen. Er lügt und betrügt, er erfindet immer neue

---

[41]gemeint ist H.C. Heinz Christian Strache, der im Jahre 2020 mit dem Kürzel THC für die Wiener Wahl kandidiert
[42]

25

Geschichten, um zu verbergen, was für ein krimineller, unfähiger Hohlkopf er ist und er fabuliert immer weiter, nur damit die alten Lügen von gestern nicht auffliegen. Hierdurch wird er in kurzer Zeit zum *Con-Man*, zum Hochstapler, dessen Geschäft der professionelle und geschäftsmäßige Betrug ist, mithin zum Berufskriminellen. An der Person von Donald Trump lässt sich das sehr schön zeigen und wird in einem sehr erhellenden Buch seiner Nichte Mary L. TRUMP im Detail beschrieben.[43]

Im psychischen Gärtlein der *Clowns* gibt es nicht nur den Trump-Typus. Boris Johnson (England) und Volodymyr Zelensky (Ukraine), sollte man nicht vorschnell als unfähige Hohlköpfe bezeichnen. Von Zelensky habe ich gelesen, er soll ein ziemlich guter Standup-Comedian gewesen sein. Er spielt diese Rolle einfach weiter, seit er in der Politik ist. Boris Johnson hat als ehemaliger Bürgermeister von London[44] zumindest Verwaltungserfahrung. Ein Schulkollege Johnsons, James Wood, der mit ihm gemeinsam in Eton erzogen wurde, sagt über ihn:

> „Der großspurige Auftritt. Das linkische Selbstvertrauen, die beunruhigende Neigung zu einer unmittelbar bevorstehenden Selbstschädigung, die einem das Gefühl vermittelte, der Junge sei gerade aus einer psychiatrischen Einrichtung entlassen worden: All das war schon damals da."[45]

Nicht alle, die sich auskennen, teilen die Ansicht, dass Boris Johnson kein Hohlkopf ist. Timothy Garton Ash, der britische Historiker und

---

[43] TRUMP, Mary L. (2020), Zu viel und nie genug- wie meine Familie den gefährlichsten Mann der Welt erschuf, München: Heyne Verlag
[44] von 2008 bis 2016 Quelle:
https://de.wikipedia.org/wiki/Boris_Johnson#Vorlauf_und_Wahl_zum_B%C3%BCrgermeister_von_London_2008 [01 09 2020]
[45] DER SPIEGEL Nr. 32 3.8. 2019 S. 81

genaue Beobachter der Zeitgeschichte , sagt über ihn: „ Er regiert mit einer fatalen Mischung aus Dogmatismus und Inkompetenz."[46]

Ist der *Clown* erst an der Spitze der Staates angelangt, kann er alle rauskicken, die gegen ihn waren oder sind. Das heißt: er kickt fast alle raus. Der *Clown* ist innerhalb kurzer Zeit völlig isoliert, weil sich zum Beispiel die Erwachsenen im Kabinett des Herrn Trump nicht für seine erratische und zerstörerische Politik haftbar machen lassen wollten und sich andere Tätigkeiten suchten oder von Trump wegen nicht ausreichender Unterwürfigkeit gefeuert wurden.[47] In Boris Johnson's Umfeld war eine ähnliche Entwicklung zu beobachten.

Warum will der narzisstische *Clown* zerstören? Oder droht dies zumindest an? Ein Denkansatz, der vielleicht weiter hilft, ist die so genannte „*Madman*-Theorie."[48] Sie besagt, dass der irrationale und volatile Frontmann oder die Frontfrau[49], um das auch ordnungsgemäß zu gendern, deshalb so erfolgreich ist, weil man ihm jede Untat zutraut, bis hin zum Atomkrieg. Zur Unterhaltung, die der Polit*clown* liefert, kommt dann die Angst hinzu, der Nervenkitzel, den das Stimmvolk so liebt, weil es den *Madman-Clown* für fähig hält, alles nur erdenklich Wahnsinnige zuzulassen bzw. anzuordnen.

Diese „*Madman*-Theorie" ist ausgehend von Richard Nixon's Drohungen mit dem Nuklearkrieg in Vietnam entwickelt worden und heute

---

[46]ASH. T.G. (2020), Auf dem Aktienmarkt der Geschichte weiß man nie, was passiert, in: DER SPIEGEL Nr. 40 26.9. 2020 S. 112

[47] Im amerikanischen Außenministerium , aber auch in anderen Ministerien gibt es so gut wie keine Fachleute mehr, sie wurden von Trump entweder gefeuert oder sie suchten das Weite und fanden es auch.

[48] https://de.wikipedia.org/wiki/Madman-Theory [30 12 2019]

[49] Interessanterweise und zu meiner großen Erleichterung ist bis *dato* (10/2020) noch keine Clownin/Madwoman an einer Staatsspitze festzustellen. Das heißt aber nicht, das es solche Personen nicht demnächst geben könnte und dass das nicht irgendjemand in Zukunft diesbezüglich eine Quote fordern würde.

nach meiner Einschätzung auf viele *Clowns* an der Staatsspitze anwendbar.

Aus diesen Überlegungen lässt sich die vorläufige Schlussfolgerung ableiten: nicht alle m*admen* an der Staatsspitze sind *Clowns*, aber alle Clowns an der Staatsspitze sind *Madmen*. Sonst würden diese verantwortungslosen und kriminellen Hohlköpfe nicht behaupten, sie könnten diesen schwierigen Job ausfüllen. Seien wir also vorsichtig mit *Madmen* und *Clowns*. Es kann leicht sein, dass das Bild der Titanic demnächst mal Wirklichkeit wird. Diesmal nicht im Eismeer, sondern in der Straße von Hormuz zum Beispiel, eine beliebte Spielwiese für Apokalyptiker wie Trump, der alles, aber auch wirklich alles tut, um Erfolg zu haben und nicht als *loser* dazustehen, ein „maligner Narziss", wie der Psychanalytiker Otto Kernberg ihn nennt.[50]

Aber ich wollte nicht warnen, habe ich zumindest versprochen. Leider braucht es keine Warnung. Es geschieht nahezu jeden Tag, dass ein maligner narzisstischer *Clown*[51] im Weißen Haus an den verschiedenen Knöpfchen und Tasten herumspielt. Mister Trump glaubt ja wirklich, er sei in einem spannenden Computerspiel. „Da schicken wir mal zehn Flugzeuge los. Ach nein, das könnte ja Tote geben, das mögen die Leute nicht so, also holen wir die Flieger wieder zurück."

Welt in Angst versetzt, *Mission accomplished*.

---

[50]Otto KERNBERG, Psychoanalytiker und führender Fachmann auf dem Gebiet der psychischen Störungen und deren Behandlung und mutiger Bürger der USA, sagt: „Die Züge eines malignen [bösartigen] Narzissmus können Sie öffentlich bei Trump beobachten. Kein Zweifel." Quelle: DER SPIEGEL Nr. 38, 12.9. 2020, S.105
[51] Ebd.

Aber halt, der kritische Geschichtsinterpret merkt spätestens hier auf und wird misstrauisch. *Cui Bono*? Wem nützt der Polit-*Clown*, wessen Geschäfte betreibt er außer seine eigenen und die seiner Familie und seiner Freunde in bester und klassischer Mafia-Manier? welche gesellschaftlichen Gruppen repräsentiert er? Es glaube doch keiner, dass das global organisierte Industrie- und Finanzkapital sich ohne selbst Regie zu führen von ein paar *Clowns* die Geschäfte verderben oder diktieren lässt. Eine solche Auffassung wäre extrem naiv.

Einen aufschlussreichen Hinweis gibt uns das österreichische Printmedium DIE PRESSE, das heimische Zentralorgan der neoliberalen Wirtschaftspolitik und die Posaune der Errungenschaften des globalen und lokalen Kapitalismus, das Zentralorgan der Österreichischen Industriellenvereinigung, die *„Prawda"* dieses Vereins, wenn man polemisch sein will.

Unter der Überschrift: „Trump muss unbedingt Präsident bleiben,"[52] gibt DIE PRESSE wieder, was offenbar viele aus der herrschenden Klasse der USA, aber auch anderswo, denken.

Wir werden gleich sehen: Der angeblich so gestörte Clown und die Rolle, in der er sich uns präsentiert, ist eine Täuschung, ein Ablenkungsmanöver. Absicht ist es und das ist die Rolle und Aufgabe des *Clowns*, die Vorgänge im Hintergrund unkenntlich zu machen bzw. nicht genügend ernst zu nehmen und aus dem Focus der Öffentlichkeit zu rücken. Hier nun ein paar Beispiele:

---

[52] STEINER, E. (2019), in: Die Presse Printausgabe vom 4.8. 2019
https://diepresse.com/home/wirtschaft/boerse/5669249/Trump-muss-unbedingt-Praesident-bleiben
[8.8. 2019]

„Zu den Weichenstellungen Trumps", jubelt unser österreichisches Zentralorgan DIE PRESSE, „gehört etwa die Senkung der Körperschaftssteuer, von der die meisten Unternehmungen profitiert haben." Ich zitiere weiter: „Infolge der Steuerreformen unter Trump ist fast eine Billion Dollar des im Ausland geparkten Geldes in die USA zurückgeflossen. – und wurde in die Realwirtschaft oder auch in Aktienrückkäufe investiert."[53]

Hier sehen wir die Gründe dafür, dass viele Amerikaner Trump wieder wählen werden. Die Investitionen in die Realwirtschaft schaffen Arbeitsplätze für unselbständig Beschäftigte und die Aktienrückkäufe steigern den Wert der Depots von Aktienbesitzern, und das ist in den USA ein sehr hoher Prozentsatz der Stimmbürger. Die Aktionärsquote beträgt in den USA zwischen 25 und 50 %.[54] Nach einer anderen Quelle waren dies 2010 sogar mehr als 50 %.[55]

DIE PRESSE bezieht sich bei diesen Informationen auf einen Herrn namens Mark Mobius. Schauen wir uns diesen Herrn und sein Profil etwas genauer an.

*"Mark Mobius (born August 17, 1936) is an emerging markets fund manager and founder of Mobius Capital Partners LLP."[56]*

*"Mobius has been a key figure in developing international policy for emerging markets. In 1999, he was selected to serve on the World Bank's Global Corporate Governance Forum as a member of the Private Sector Advisory Group and as co-chair of the Investor Responsibility Taskforce. He has also been featured as a speaker for the World Bank in 1999 and has given seminars for many other groups, including for the Asian Development Bank in 2002 and as a motivational speaker for London Speaker Bureau.[57]*

---

[53] STEINER, E. (2008) in: Die Presse Printausgabe vom 4.8. 2019
[54] vgl. https://de.wikipedia.org/wiki/Aktion%C3%A4rsquote [27 09 2020]
[55] https://dai.de/files/dai_usercontent/dokumente/Statistiken/MAR%202013_Factbook_08_6_Aktionaersstruktur_Laendervergleich.pdf [27 09 2020]
[56] https://en.wikipedia.org/wiki/Mark_Mobius#cite_note-cnbc.com-3 [04 08 2019]
[57] Ebd.

Herr Mobius, den die Presse lediglich als "renommierten Mann" und „renommierten Investor" vorstellt, bevor sie sich auf einer halben Seite seiner Argumente und Informationen bedient. Ist also genau der Vertreter des privaten und institutionalisierten globalen imperialen Kapitalismus,[58]dessen Repräsentanten seit geraumer Zeit durch nicht nachhaltiges Wirtschaften dabei sind, dem Planeten Erde das Lebenslicht auszublasen, um es einmal sehr plakativ und einfach im Stile der *Clowns* zu sagen. Die modernen *Clowns* sind, wie spätestens jetzt zu vermuten ist, nicht diejenigen, die den Kaisern dieser Welt die Wahrheit sagen, sie gar verspotten, sondern im Gegenteil, sie stehen in ihrem Sold und sind ihnen ständig große Gefallen schuldig und wären ohne die Duldung und Förderung der anonymen und bekannten Herrscher und Repräsentanten des globalen imperialen Kapitalismus weder in ihre Position als Staatsoberhaupt gekommen, noch könnten sie sich darin lange halten. Die Geschäfte, die im Hintergrund „ausverhandelt" oder verabredet werden, sind meist sehr einfach und schnörkellos: Senkst du die Steuern für mich und meinesgleichen, spende ich für deinen nächsten Wahlkampf und ich helfe dir, deine Schwierigkeiten mit der Bank X zu überwinden, bei du 100 Millionen Dollar Schulden hast, die nächstes Jahr fällig werden.

Herr Mobius, den DIE PRESSE so jubelnd zitiert, ist offenbar eine Art Handlungsreisender in Sachen Neoliberalismus, der in den Ländern, die die Segnungen dieses Systems noch nicht ganz begriffen haben, die frohe Botschaft der Privatisierung von Schulen, Krankenhäusern, Straßen, Flughäfen, Eisenbahnen, Frachthäfen, Autobahnen, der Wasserversorgung etc. freudig und überzeugend verkündet. Immer mit

---

[58] vgl. zu diesem Begriff BRAND, Ulrich / WISSEN, Markus (2017), Imperiale Lebensweise – Zur Ausbeutung von Mensch und Natur im globalen Kapitalismus, München: oekom Verlag

der Drohkulisse der Strukturanpassungsprogramme[59] der Weltbank und des IMF im Hintergrund und zum Wohle seiner Freunde in den USA und anderswo, die sich mit diesen Geschäften Extraprofite verschaffen und die Enteignungen von Volksvermögen zur scham- und skrupellosen Bereicherung missbrauchen.

So, damit wäre das auch gesagt. Das Schöne an Karl Marx ist doch, dass sich mit seiner Hilfe in einem Satz die ganze Welt erklären lässt. Das würde sogar unseren *Clowns* gefallen. Es stimmt zwar nie ganz, ist aber auch nie ganz falsch, und das ist doch immerhin schon etwas. Ich nenne Karl MARX in diesem Zusammenhang deshalb, weil seine Klassenanalyse[60] und das damit zusammenhängende Erkennen von Interessen und Interessendurchsetzung bei so gut wie jeder analysierenden Betrachtung von gesellschaftlichen und politischen Vorgängen von Nutzen sein kann.[61] Man muss durchaus kein „Marxist" sein, um analytische Methoden von Karl Marx anzuwenden.

*28 08 2019  korr 31 12 2019, 22 01 2020, 12 10 2020*

---

[59] Was das genau ist, findet sich unter
https://wirtschaftslexikon.gabler.de/definition/strukturanpassungsprogramm-sap-42373 [14 08 2020]
[60] vgl. als Einstieg: http://www.trend.infopartisan.net/trd0601/t310601.html [20 09 2020]
[61] vgl. ABENDROTH, W. (Hrsg.) (1979), Faschismus und Kapitalismus - Theorien über die sozialen Ursprünge und die Funktion des Faschismus, Frankfurt am Main: Europäische Verlagsanstalt

# 03 Plaedoyer fuer einen Waehlerführerschein

Die repräsentative parlamentarische Demokratie ist die Herrschaft von gewählten Berufspolitikern. Sie beruht auf der Annahme und dem Konsens, dass sich die Wahlberechtigten vor der Stimmabgabe über die Absichten der zur Wahl stehenden Parteien und Politiker informieren können und dies auch tun. In der politischen Theorie und der Demokratietheorie wird stillschweigend unterstellt, dass die Wählerschaft hierzu in der Lage ist und die für eine Wahlentscheidung erforderlichen Informationen passiv aufnimmt und aktiv nachfragt. Dann, so wird in der Theorie angenommen, geben die Wählenden denjenigen Politikern bzw. derjenigen Partei ihre Stimme, von denen sie glauben, dass sie ihre (der Wähler) Interessen am besten vertreten.

Dadurch, so wird von den Erfindern und Verteidigern dieser Herrschaftsform, der repräsentativen liberalen Demokratie, angenommen, kommt eine Art rationale Herrschaft zustande, die noch dazu von den Beherrschten, den Wählern, als legitim betrachtet wird, weil sie eigenhändig von ihnen herbeigeführt wurde. Ein ziemlich gefinkeltes System, die liberale Demokratie.

Liberal ist sie auch deshalb, weil alle – bis auf wenige Ausnahmen, Verbrecher und Wahnsinnige glaube ich - dabei mitmachen dürfen. Bei Letzteren bin ich mir allerdings nicht mehr ganz so sicher. Dieses "niemand Ausschließen" wurde lange Zeit als konstituierendes Element der liberalen Demokratie angesehen. Die Beherrschten führen also eigenhändig (mit Kreuzerl) bzw. eigenstimmig eine Herrschaft über sich herbei. So weit so gut und bis vor kurzem nicht unerfolgreich.

Wie sagte der arme kluge B. B.? „Nur die allerdümmsten Kälber wählen ihre Metzger selber." Ob die Bertolt Brecht zugeschriebene Äußerung sich auf Adolf Hitlers 37,3 %[62] bei demokratischen Wahlen 1932 bezieht, wovon am Schluss dieses Aufsatzes noch die Rede sein wird, sei dahingestellt. Jedenfalls durfte bei dieser Wahl im Jahre 1932 nahezu jeder und auch jede (seit 1918 gab es ein Frauenwahlrecht) teilnehmen, was natürlich auf den ersten Blick und völlig unvoreingenommen dazu verführt, mit der damals gewiss sehr hohen Analphabetenrate unter Frauen einen Zusammenhang zu sehen. Wie auch immer, die Damen und Herren Wähler haben ihren – und nicht nur ihren - Metzger selber gewählt.

Diese Feststellung lässt sich ohne weiteres auf die im Folgenden noch vorkommenden Herren namens Trump und Bolsonaro anwenden. Die Menschen haben ihre Metzger gewählt. Das ist eindeutig und kaum rückgängig zu machen.

Einige Annahmen bezüglich der liberalen Demokratie, die ich oben skizziert habe, waren ziemlich sicher schon seit Anbeginn dieser Art politischen Systems in Europa und Amerika völlig unzutreffend, falsch und eine Fiktion.

Das Analphabetentum eines Großteils der Wähler (ich schätze mindestens 50%, bei Frauen noch höher)[63] war wohl eine Art Geburtsfehler dieses Systems der repräsentativen Demokratie, der allerdings erst jetzt im Zeitalter der totalen oder besser: totalitären Kommuni-

---

[62]https://de.wikipedia.org/wiki/
Nationalsozialistische_Deutsche_Arbeiterpartei#Wahlerfolge_ab_1930 [11 12 2019]
[63]vgl. hierzu https://de.wikipedia.org/wiki/Alphabetisierung_(Lesef%C3%A4higkeit)#/media/
Datei:Cross-country-literacy-rates.svg [19 09 2020]

kation des „jeder mit jedem" so richtig hervortritt und eine zentrale Schwäche dieses Herrschaftssystems offenbart.

Eine Zeit lang durften nur Männer wählen, die Steuern zahlten (Zensuswahlrecht). Es kann davon ausgegangen werden, dass man damals dachte, jemand, der Steuern zahlt, ist mit großer Wahrscheinlichkeit nicht analphabetisch bzw. damals wesentlich wichtiger, er wählt Personen oder später Parteien, die am Erhalt des Staates ein Interesse haben und keine umstürzlerischen oder revolutionären Ambitionen hegen. Letzteres wird ausschlaggebend gewesen sein. Man glaubte nämlich, und das stimmt ja mit Ausnahmen[64] heute noch, dass ein Bürger mit Einkommen und Besitz, der Steuern zahlt, niemanden wählen wird, der ihm diesen Besitz und das Einkommen, mit welcher Begründung auch immer, entziehen will. So weit zur Frage der Wahlen am Anfang des demokratischen Großversuches. Bevor das jetzt in einen demokratiehistorischen Exkurs ausartet, gebe ich zu bedenken, dass zu den Anfangszeiten dieser Art von Herrschaftsform die Kommunikation auf Plätzen und in Wirtshäusern stattfand und zwar durch lautes Brüllen und Schreien. Es wurden Personen gewählt und keine Programme. Insofern war das Lesen nicht so entscheidend wie heute. Derjenige, der am lautesten brüllen konnte, wurde gehört und gewählt. Viel anders ist es heute auch nicht, Die Welt ist allerdings komplexer und vernetzter geworden. Nur nebenbei, das Zensuswahlrecht galt in manchen europäischen Staaten bis in die Neuzeit.

> „In der Moderne war das Zensuswahlrecht wesentlich von Frankreich geprägt, kam aber auch in anderen Ländern wie Schweden, den USA, Luxemburg, Norwegen oder Spanien zur Geltung. Insgesamt war die Bevorzugung der besitzenden Bürger im 19. Jahrhundert selbstverständlich und bis zu Beginn des 20. Jahrhunderts nicht ungewöhnlich."[65]

---

[64] Es drängt sich der Eindruck auf, dass die amerikanische Wählerschaft hier eine Ausnahme darstellt, nachdem ein großer Teil von ihr offenbar beabsichtigt, Donald Trump noch einmal zu wählen.
[65] https://de.wikipedia.org/wiki/Zensuswahlrecht [27 09 2020]

Nun zum Thema Führscheine und Führerscheine, dem Titel meines Aufsatzes. Ich beginne mit dem Hundeführschein.

Dieser ist seit 22. Dezember 2018 in Wien, Österreich, bei bestimmten Hundesorten oder Hunderassen, sogenannten „Listenhunden",[66] erforderlich. Der Wiener Magistrat sagt zu diesem Thema:

> „Die Hundeführscheinprüfung müssen Sie mit Ihrem Hund im Zeitraum von 21 bis 24 Monaten wiederholen, gerechnet ab der erstmaligen positiven Absolvierung."

Der Hundeführschein muss zwei Mal gemacht werden, um sicher zu gehen, dass die Fraulis und Herrlis das Gelernte nicht sofort wieder vergessen oder es vielleicht von Anfang an nicht richtig verstehen. Darüber hinaus muss der Hund elektronisch gekennzeichnet (gechipt) sein. Die Halter der Listenhunde und die Listenhunde müssen in der „Heimtierdatenbank" des österreichischen Gesundheitsministeriums registriert sein. Für den Hund muss die Hundeabgabe für das laufende Jahr bezahlt sein.

Außerdem muss für den Hund eine gültige Haftpflichtversicherung mit einer Mindestdeckungssumme von 725.000 Euro abgeschlossen werden."[67]

Bereits nach diesen wenigen Informationen ist zu sehen: Es gibt eine Menge Regeln, die von Damen und Herren als Halter von „Listenhunden" einzuhalten sind. Auf die Inhalte der Prüfung gehe ich nicht ein. Lesen und Deutschkenntnisse werden wahrscheinlich notwendig sein, weil man sonst die Fragen nicht versteht.

---

[66] Ein Listenhund ist ein Hund, der per Gesetz als gefährlich oder potentiell gefährlich angesehen wird. Quelle: Wikipedia
[67] Vgl. https://www.wien.gv.at/amtshelfer/freizeit-sport/tiere/haustier/hundefuehrschein-pfl.html [26 08 2019]

Der Erwerb der Berechtigung zum Halten eines Listenhundes weist höhere Hürden auf als die Berechtigung, zur Wahlurne zu schreiten und die Stimme abzugeben. Aber welche Gefahr geht von einem „Listenhund" aus im Vergleich zu einem gewählten Diktator und Großverbrecher wie Adolf Hitler? Nicht zu übersehen, wer hier gefährlicher ist bzw. war.

Weiter zum Führerschein, den für PKWs, Kraftfahrzeuge, Kfz, vulgo Autos. Wer ein Auto fahren will, muss einen Kfz-Führerschein machen, der das Bestehen einer theoretischen und praktischen Prüfung vorsieht:

„Ein Auto lenken darf, wer einen Führerschein der Klasse B hat.

Das Mindestalter ist 17 bzw. 18 Jahre."[68]

Wer professionell mit und an einem Computer arbeiten will, braucht einen Computerführerschein, am besten gleich einen europäischen Computerführerschein:

> „Dabei geht es nicht nur um IT-Grundlagen, sondern auch um die Feinheiten von Textverarbeitungs, Kalkulations- und Präsentationssoftware. Der Führerschein-Inhaber kann praktische Beispiele lösen, wie sie im Arbeitsalltag jederzeit vorkommen können,"[69]

Genug vorerst von den verschiedenen Arten von Führerscheinen und Führscheinen, deren Existenzberechtigung, Sinnhaftigkeit und Nützlichkeit bisher niemand ernsthaft angezweifelt hat.

Nun zum Zentrum meiner Überlegungen:

---

[68] https://www.oeamtc.at/thema/fuehrerschein/b-fuehrerschein-der-weg-zum-fuehrerschein-16180096 [26 08 2019]
[69] vgl. https://www.wifiwien.at/kategorie/e-it-informationstechnologie/e1-it-anwendertraining/e1f-computerfuehrerschein-ecdl[27 08 2019]

Wer wählen will, braucht außer einem bestimmten Alter, seinem Personalausweis und einer Registrierung im Wählerverzeichnis nichts weiter. Die Wahlteilnehmenden müssen weder schreiben noch lesen können. Auch nur oberflächliche Kenntnisse über das politische System, die Programme der Parteien, oder etwa von den Absichten einzelner Politiker sind völlig nebensächlich und werden nicht gefragt oder gefordert. Ob die Wählenden diese Absichten kennen, ob sie sich vor der Stimmabgabe darüber informieren konnten, weil sie eben nicht analphabetisch sind, hat sehr lange Zeit niemand für interessant oder bedeutsam gehalten. Den Verantwortlichen für Wahlen genügt die Tatsache, dass eine Person den Weg ins Wahllokal findet und die oben genannten Voraussetzungen erfüllt: Alter, Wohnsitz, Personalausweis gelten als ausreichender Nachweis, dass jemand berechtigt ist, an Wahlen in Österreich aber auch anderswo in Europa teilzunehmen.

Der Wiener Magistrat definiert folgendermaßen, wer in Wien bei der Nationalratswahl 29. 9. 2019 wählen durfte:

„In Wien dürfen alle Personen wählen, die am Stichtag der Wahl, dem 9. Juli 2019, die österreichische Staatsbürgerschaft und einen Hauptwohnsitz in Wien hatten und bis zum 29. September 2003 (vollendetes 16. Lebensjahr) geboren wurden."

Von Lesekompetenz oder einer zumindest oberflächlichen Ahnung von Lesen ist nicht Rede. Das ist Nebensache und für die Wahlen durchführende Behörde völlig ohne Bedeutung.

Die Ergebnisse solcher Art Wahlen sind dann Donald Trump (USA) und Messias Bolsonaro (Brasilien), Sebastian Kurz und HC Strache sowie Norbert Hofer, Herbert Kickl (in Österreich) und  auch ein Herr Rodrigo Duterte (Philippinen), aber auch Parteien und ihre „Führer" mit offener oder verdeckter (neo-)nazistischer Ideologie wie die AfD in Deutschland.

Für den Gesetzgeber genügt es, wenn die Wählenden ein Schreib-werkzeug halten können, den Weg in das richtige Wahllokal finden und es zusammenbringen, ein Kreuz in einen Kreis zu malen. Was oder wer dann angekreuzt wird, unterliegt dem „Wahlgeheimnis" und ob die handelnden Personen die Kürzel auf dem Wahlzettel lesen kön-nen und ihnen eine Bedeutung zuzuordnen in der Lage sind, ist völlig nebensächlich und irrelevant.

Ein auf diese Weise zustandekommendes Wahlergebnis ist, so ver-mute ich, großteils Zufall. Man könnte sich den Wahlaufwand und die Wahlwerbung sparen und das Wahlergebnis mit einem Zufallsgene-rator[70] bestimmen. Ein großer Teil der Wahlberechtigten stimmt über Parteien und Personen ab, von denen sie keine oder wenig Ahnung haben.

Auf die beschriebene Weise wurde kürzlich in Brasilien ein Herr na-mens Jair Messias Bolsonaro zum Präsidenten gewählt. In Brasilien können ca 10 bis 15 % der Bevölkerung nicht schreiben oder lesen, geschätzt doppelt so viele sind funktionale Analphabeten.[71]

Auch in Wien Meidling rechnet die Vize-Bezirksvorsteherin Katharina Weninger von der SPÖ Wien offenbar nicht damit, dass ihre poten-zielle Wählerschaft lesen kann. Unter dem Titel „Gib Deiner Stimme die richtige Stimme" mit dem Untertitel #keinekompromisse wurde zur österreichischen Nationalratswahl 2019 eine ca 4 mm dicke Broschüre verschickt, die rund 30 reinweiße unbedruckte Seiten enthielt. Ich dachte zuerst, das Heftchen sei vielleicht für Notizen gedacht, die man

---

[70] Als Zufallszahlengenerator, gelegentlich kurz Zufallsgenerator, bezeichnet man ein Verfahren, das eine Folge von Zufallszahlen erzeugt. Der Bereich, aus dem die Zufallszahlen erzeugt werden, hängt dabei vom speziellen Zufallszahlengenerator ab. Quelle: https://de.wikipedia.org/wiki/Zufallszahlengenerator [27 12 2019]
[71] vgl. https://latina-press.com/news/235024-brasilien-fast-13-millionen-erwachsene-sind-analphabeten/ [26 08 2019]

sich bei Reden oder Statements der Genossin Weninger machen soll. Heute, beim Nachdenken über analphabetische Wähler, interpretiere ich diese Hervorbringung der Wiener Sozialdemokratie völlig anders. Ich glaube, man wollte seitens der Wiener SPÖ mit „mehr Menschlichkeit" die Analphabeten unter uns nicht bloßstellen oder diskriminieren.

Ganz kurz zur Lage bezüglich Lesen und Schreiben hierzulande. Für große Teile der Bevölkerung mit Wahlrecht in Österreich gilt die stolze Aussage des „Zigeunerbarons" wohl unverändert.

> „Ja, das Schreiben und das Lesen ist nie mein Sach' gewesen, denn schon von Kindesbeinen befasst ich mich mit Schweinen; auch war ich nie ein Dichter, Potzdonnerwetter Paraplui, nur immer Schweinezüchter, poetisch war ich nie!"[72]

Die Situation ist allerdings keineswegs zum Jubeln, zum stolz sein oder gar zum Lachen.

> „Fast eine Million Österreicher und Österreicherinnen im Alter von 16 bis 65 Jahren können nur völlig unzureichend lesen und schreiben. Somit sind 17,1 Prozent der österreichischen erwachsenen Bevölkerung funktionale Analphabeten. Das ergab die PIAAC-Studie 2013 (Programme for the International Assessment of Adult Competencies). Damit liegt Österreich bei der Lesekompetenz unter dem Durchschnitt jener OECD-Länder, die an dem internationalen Vergleich teilgenommen haben. 100.000 Personen konnten mangels Lese- und Schreibfähigkeit an der Studie gar nicht teilnehmen."[73]

Zu dieser Gruppe kommen jährlich Zigtausende hinzu, die die Schulen verlassen, ohne Schreiben und Lesen zu können und die, wie die PISA-Studie 2019 gezeigt hat, „Lesen als Zeitverschwendung betrachten."[74]

---

[72] https://www.wienervolksliedwerk.at/VMAW/VMAW/Liedtexte/jadasschreiben.htm [06 10 2019]
[73] https://www.diepresse.com/4680005/970000-funktionale-analphabeten [06 10 2019]
[74] Hans Rauscher im Standard 5.12. 2019
https://www.derstandard.at/story/2000111928604/zeitverschwendung-lesen [09 12 2019]

Zur Abrundung des Eindrucks nun noch eine sehr glaubwürdige offizielle Einschätzung der Lage, nämlich diejenige des Österreichischen Rechnungshofes.

> „In internatonalen Studien schnitt Österreich bei der Lesekompetenz meist unterdurchschnitlich ab. Beim PISA–Test lagen die 15– und 16–jährigen Schülerinnen und Schüler seit dem Jahr 2003 unter dem OECD–Durchschnitt. Aufgrund des gesunkenen OECD–Durchschnits bei PISA 2018 lag Österreich nunmehr im OECD–Durchschnit bei weitgehend unveränderten Leseleistungen. Laut der sogenannten PIAAC–Studie 2012, die Kompetenzen von Erwachsenen testet, verfügten 17 % der 16– bis 65– Jährigen in Österreich (rd. 970.000 Personen) über eine niedrige Lesekompetenz, 4,3 % (rd. 240.000 Personen) über eine sehr niedrige Lesekompetenz. Schlechte Lesekompetenz kann mit Benachteiligungen im Alltag und Beruf verbunden sein."[75]

Abgesehen von der Lage in Österreich, wo alles immer auch etwas erheiternd Tragikomisches hat (100.000 Personen konnten an der oben erwähnten Erhebung nicht teilnehmen, weil sie den Test nicht lesen konnten!) gerät in der letzten Zeit, nach der Wahl von Trump und Bolsonaro die Frage des Geisteszustandes der Wählermassen neben der Frage des Geisteszustandes der gewählten Polit*clowns* zunehmend in den Focus und sollte, wie ich meine, Gegenstand von kritischen Überlegungen und Betrachtungen sein, zu denen ich mit diesem Aufsatz einen bescheidenen Beitrag leisten möchte.

Zurück in das Land, das zufällig eines der wichtigsten planaren Ökosysteme (den Amazonas Regenwald) in seinen Grenzen hat, Brasilien meine ich.

„Das südamerikanische Land Brasilien ist eines der Länder mit der höchsten Rate von Analphabeten in der erwachsenen Bevölkerung. Die Organisation der Vereinten Nationen für Erziehung, Wissenschaft

---

[75] ÖSTERREICHISCHER RECHNUNGSHOF (Hrsg.) (2020), Leseförderung an Schulen - Bericht des Rechnungshofes https://www.rechnungshof.gv.at/rh/home/home/004.714_Lesefoerderung.pdf [04 10 2020]

und Kultur (UNESCO) schätzt, dass weltweit insgesamt 758 Millionen Menschen im Alter von über 15 Jahren nicht lesen und schreiben können. 33 Millionen davon stammen aus Lateinamerika und 12,9 Millionen sind Brasilianer. Brasilien hat damit die höchste Analphabetenrate in der Region."[76]

Brasilien hat rund 200 Millionen Einwohner, davon sind ca. 10 % Analphabeten, und geschätzt 20 bis 40 % funktionale Analphabeten.[77] Herr Bolsonaro wurde von rund 55 Prozent der Brasilianer gewählt. Es ist anzunehmen, dass rund die Hälfte seiner Wähler und Wählerinnen nicht wusste, was er will und wofür er steht, weil sie nicht lesen kann.

Bolsonaro gewann die 55,14 %[78] Zustimmung in erster Linie, indem sein Wahlkampfteam ein Whatsapp-Netzwerk[79] aufzog und dabei auf Kleingruppen, Freundeskreise, Familien und ähnliche soziale Gruppen zielte, die mit *fake news*, nämlich mit völlig absurden Lügen und Verschwörungstheorien, gefüttert wurden, die sie dann im privaten Kreis weiter verbreiteten und ihnen dadurch Glaubwürdigkeit verliehen. Diese Methode, die im übrigen auch von Donald Trump angewendet wurde und wird, ist extrem gefährlich, schaltet sie doch die Presse als potenzielles Kontrollorgan[80], das den Wahrheitsgehalt dessen, was sie druckt, vorher recherchiert, völlig aus. Zum Fehlen von

---

[76] https://latina-press.com/news/235024-brasilien-fast-13-millionen-erwachsene-sind-analphabeten/ [26 08 2019]
[77] hier gibt es sehr große Unterschiede zwischen städtischen und ländlichen Regionen, die Angaben, die man im Netz findet, differieren beträchtlich. ich gehe davon aus, dass der Anteil funktionaler Analphabeten ein Mehrfaches des Anteils der Analphabeten beträgt. Quelle u.a. http://www.strassenkinderreport.de/index.php?user_name=&goto=249 [12 08 2020]
[78] https://www.spiegel.de/politik/ausland/brasilien-jair-bolsonaro-gewinnt-stichwahl-a-1235591.html [27 08 2019]
[79] vgl. https://www.spiegel.de/netzwelt/apps/brasilien-wahlkampf-mit-gekaufter-whatsapp-flut-a-1234483.html [29 09 2020]
[80] ich bin mir bewusst, dass eine „unabhängige Presse", die diese Funktion erfüllen könnte, lediglich in der Demokratietheorie existiert, aber nicht in der Wirklichkeit. Trotzdem: besser eine nicht ganz unabhängige Presse als gar keine.

Informationsmöglichkeiten aufgrund von Anaphabetismus kommen noch die folgenden Umstände:

„Abgerundet gibt es in Brasilien 147 Millionen Wähler und 120 Millionen Nutzer von WhatsApp. Nicht alle, die über WhatsApp verfügen, haben Zugang zum Internet, denn mehrere Anbieter von Mobilfunkdiensten ermöglichen den Zugriff auf WhatsApp ohne zusätzliche Kosten, während das Navigieren im Internet aufwendig ist. Damit avancierte WhatsApp neben dem Fernsehen zum wichtigsten Schlachtfeld, auf dem der Wahlkampf in Brasilien geführt wird."[81]

Eine Sortierung und Prüfung dieser „Informationen" durch eine informierte, im besten Fall „unabhängige Presse"[82] wurde damit von Bolsonaro und seinen Helfern umgangen und jede Lüge, Erfindung und Verdrehung dieses Halunken und seiner Freunde aus der Agraroligarchie Brasiliens kam direkt und ungefiltert in die Gehirne des Stimmvolks, das nach den oben zitierten Zahlen zu einem sehr großen Teil nicht in der Lage war, irgendetwas von Bolsonaros Sprüchen und Lügen mangels technischer Möglichkeiten und Analphabetismus überprüfen zu können. Man kann das nicht oft genug betonen, um die Gefährlichkeit und Absurdität eines Systems herauszuarbeiten, das des Schreibens und Lesens Unkundige an demokratischen Wahlen teilnehmen lässt. Liegt es aber nur an den hohen Analphabetenzahlen oder gibt es nicht auch noch andere *Trigger,* die die Menschen dazu bewegen, Sexisten, Rassisten und aufgeblasene Lügner wie Bolsonaro als Anführer zu wählen? Präzise gefragt: Warum wählen Frauen Frauenverächter und *People of Colour* Rassisten? Einige Hinweise gibt uns ein Interview mit der brasilianischen Politikwissenschaftlerin Mariana Llanos. sie sagt auf die Frage warum Frauen und *People of colour* Bolsonaro wählen?

„Stellen Sie sich vor, Sie sind schwarz und leben in einer Favela in Rio. Ihre Nachbarn sind Drogendealer und Sie halten es für möglich, dass die jederzeit ihren 14-jährigen Sohn zum Dealen zwingen oder ihn sogar erschießen. Dann wollen Sie unbedingt das Leben Ihres Sohnes retten.

---

[81] https://www.sueddeutsche.de/politik/brasilien-wahlkampf-bolsonaro-1.4173643 [29 09 2020]
[82] ich setze das deshalb in Anführungszeichen, weil eine „unabhängige Presse" genau so eine Fiktion ist wie eine „neutrale Information", aber das nur nebenbei.

Dann scheint vielleicht Bolsonaros Lösung, auf Gewalt mit Gewalt zu reagieren, die überzeugendste zu sein und Sie wählen ihn. Bei Frauen ist es das gleiche: Angehörige der oberen Mittelschicht etwa fühlen sich von linken Ideen bedroht. Sie verachten Ex-Präsident Lula da Silva und dessen Arbeiterpartei, weil er ihnen seinerzeit viele Privilegien genommen hat. Sie stimmen für seinen Gegner, komme, was wolle."[83]

Doch leider, nicht nur im fernen Brasilien gibt es das Problem, dass das Stimmvolk nicht weiß, worüber es abstimmt. Auch in unserem geschätzten Nachbarland Deutschland stoßen wir auf eine ähnliche Problematik. Die Anzahl der Schulabgänger ohne Abschluss, ein eindeutiger Hinweis auf funktionales Analphabetentum mitten in Europa, beträgt zum Beispiel im Bundesland Sachsen rund 8 Prozent, in Sachsen-Anhalt 10 Prozent, in Mecklenburg-Vorpommern rund 9 Prozent.[84] Selbst in Baden-Württemberg, früher einmal ein deutsches Vorzeigebundesland, beträgt der Anteil der Schulabgänger ohne Abschluss 6,6 Prozent. Um diese durchaus beunruhigenden Ziffern etwas abzurunden: Deutschland, nach Eigendefinition eines der führenden Industrieländer der Welt, leistet sich 7,5 Millionen funktionale Analphabeten bei ungefähr 83 Millionen[85] Einwohnern.[86] Das sind rund 9 Prozent der Gesamtbevölkerung.

„Von Analphabetismus im engeren Sinne betroffen sind in Deutschland etwa vier Prozent der Bevölkerung und damit 2,3 Millionen Menschen zwischen 18 und 64 Jahren."[87] Insgesamt können also rund 10 Millionen Menschen in Deutschland nicht schreiben und lesen.

Setzt man die Anzahl der Analphabeten in Relation zu den Wahlberechtigten, wird der Prozentsatz erheblich höher. Konkret, unter den

---

[83] https://www.sueddeutsche.de/politik/interview-am-morgen-wahl-in-brasilien-warum-schwarze-einen-rassisten-waehlen-1.4163726 [30 09 2020]
[84] Alle Angaben für 2017 aus DER SPIEGEL Nr. 35 vom 24. 8. 2019 S. 49
[85] https://www.google.com/search?client=firefox-b-d&q=einwohner+deutschland [27 08 2019]
[86] vgl. https://www.zeit.de/gesellschaft/schule/2016-11/analphabetismus-deutschland-erwachsene-lesen-schreiben-studie [27 08 2019]
[87] Ebd.

61,69 Mio Wahlberechtigten in Deutschland im Jahr 2017 sind rund 16 %[88] funktionale Analphabeten oder Analphabeten. Da wird's dann schon eng und ungemütlich und der Eindruck, dass in Deutschland das illiterate Dumpfbackentum indirekt regiert, verfestigt sich. Vor allem, wenn man sich vor Augen hält, dass es sehr große regionale Unterschiede geben dürfte und dass, genau wie in Österreich, jedes Jahr zigtausende Personen die Schulen verlassen, ohne sinnerfassend lesen zu können bzw. ohne Abschluss sind und damit wahrscheinlich als funktionale Analphabeten[89] gelten müssen.

Manche sähen Deutschland gerne wieder als Welt-Führungsnation, nachdem die USA mit Herrn Trump an der Spitze weithin als unbe-rechenbar gelten und den USA damit innerhalb kürzester Zeit ein paar der wichtigsten Soft-Power-Eigenschaften völlig abhanden gekommen sind, nämlich Verlässlichkeit und Vertragstreue.

Jetzt muss man sich mit einiger Berechtigung und Neugier fragen, wie es denn in den USA, dessen Wahlvolk sich Herrn Trump als Präsi-denten erkoren hat, mit den Fähigkeiten zum Lesen und Schreiben bestellt ist?

„Nach Schätzung der Stiftung *„World Literacy Foundation"* können rund 22 Prozent der erwachsenen US-Amerikaner nicht oder nur begrenzt lesen. Bei der PISA-Studie der Organisation für wirtschaftliche Zusammenarbeit und Entwicklung (OECD) zum internationalen Vergleich von Alltagswissen liegen die USA unter dem Durchschnitt."[90]

---

[88]Um diese Zahl besser einordnen zu können, sei erwähnt, dass die SPD (Sozialdemokratische Partei Deutschlands im Jahr 2020 froh wäre, wenn sie bei den nächsten Bundestagswahlen einen solchen Prozentsatz erreichen könnte. Quelle: https://www.bundestagswahl-2021.de/umfragen/#spd [27 09 2020]
[89]Als funktionaler Analphabetismus oder Illettrismus wird die Unfähigkeit bezeichnet, die Schrift im Alltag so zu gebrauchen, wie es im sozialen Kontext als selbstverständlich angesehen wird. Quelle: https://www.google.com/search?client=firefox-b-d&q=funktionaler+Analphabetismus [02 10 2020]
[90] https://www.nwzonline.de/panorama/jeder-fuenfte-us-amerikaner-kann-nicht-richtig-lesen_a_18,0,493661042.html [27 08 2019]

In den USA, der lange Zeit führenden Macht des sogenannten „Westens", ist die Analphabetenrate wahrscheinlich ungefähr gleich hoch wie in Brasilien. Wenn man dies weiß, wird auch klar, warum Donald Trump seine Wahlkämpfe und Reden mit dem Wortschatz eines Vorschulkindes bestreitet und ständig seine Stummelsätze zwei oder drei Mal wiederholt. Der Mann kennt seine Zuhörer.

„Laut einer aktuellen Studie können geschätzte 32 Millionen Erwachsene in den USA - also in etwa einer von sieben [rund 14%] - nicht richtig lesen, wie die Zeitung "USA Today" berichtete. "Sie können keine zusammenhängenden Sätze lesen", wird Sheida White zitiert, eine Forscherin im US-Bildungsministerium, das die Erhebung in Auftrag gab. Dazu wurden mehr als 19.000 Amerikaner untersucht."[91]

Nach den hier präsentierten Daten ist eine vorläufige Schlussfolgerung zulässig: Die Meinung, Analphabetismus betreffe lediglich arme kleine Länder des „globalen Südens"[92], zum Beispiel in Afrika und Südamerika, ist völlig falsch.

Analphabetismus in all seinen Facetten betrifft die Industriestaaten des sogenannten „globalen Nordens" mindestens ebenso. Die Auswirkungen dieser Fehlentwicklung sind im „globalen Norden" allerdings wesentlich gravierender. Warum?

Eine vorerst ausreichende Erklärung ist, dass im „globalen Norden" durch die Wählerschaft Politiker an die Macht gewählt werden, die über ein weitaus größeres Zerstörungspotenzial verfügen, als dies anderswo der Fall ist. Dies gilt sowohl militärisch als auch wirtschaftlich.

---

[91] https://www.derstandard.at/story/1231151472421/studie-ein-siebentel-der-us-amerikaner-sind-funktionelle-analphabeten [27 08 2019]
[92] Die Begriffe „globaler Süden" und „globaler Norden" verwende ich im Sinne der Arbeit von BRAND, U. / WISSEN, M. (2017), Imperiale Lebensweise - zur Ausbeutung von Mensch und Natur im globalen Kapitalismus, München: Oekom Verlag S. 69 ff.

Dieses Zerstörungspotenzial betrifft sowohl die Verfügungsgewalt über Massenvernichtungswaffen, als auch die politische Herrschaft über klimaschädliche Produktions-, Energie- und Verkehrssysteme, eine zerstörerische Landwirtschaft sowie generell eine nicht nachhaltige Lebensweise in den Ländern des „globalen Nordens".

Wenn Donald Trump, 2016 zum US-amerikanischen Präsidenten gewählt von zu einem großen Teil analphabetischen Amerikanern, aus dem Pariser Klimaabkommen aussteigt, hat dies größere Auswirkungen, als wenn zum Beispiel Burkina Faso dies machen würde. Wenn Herr Trump, um seinen analphabetischen Wählern zu imponieren und um 2020 wiedergewählt zu werden, den starken Buben spielt und mit Atomwaffen und Kriegsdrohungen herumspielt, hat dies ein größeres Destruktionspotenzial als alles bisher Dagewesene[93] und übertrifft diejenigen Gefahren bei weitem, die entstehen, wenn ein paar Länder in Afrika oder Lateinamerika versuchen, die Bevölkerung des jeweiligen Nachbarlandes mit Macheten und Kalaschnikows auszurotten. Letzteres sind Sandkastenspielchen von zu vernachlässigener Bedeutung für den Planeten Erde. Die USA hingegen haben mit dieser derzeitigen Führung und ihrem Waffenarsenal die Macht, weite Teile des Planeten unbewohnbar zu machen. Daher stellt der Analphabetismus von Wählermassen wie in USA und Brasilien, in denen alle ungeachtet ihrer Fähigkeiten bezüglich des Lesens und Schreibens wählen dürfen und Figuren wie Trump und Bolsonaro an die Macht bringen, eine immense und fast unvorstellbare Gefahr dar. Dies nicht nur für das jeweilige Land selbst, das an Konkurrenzfähigkeit einbüßt und einen ökonomischen Niedergang erleidet, sondern für den gesamten Planeten.

---

[93]Richard Nixon hat dem Vernehmen nach den Madman nur gespielt, Trump ist *heavily nuts*, das ist ein gewaltiger Unterschied. Siehe den Essay „*Trump's Tweet on Turkey*" in dieser Textsammlung

Hier einige Gründe für diese Einschätzung: Notwendige Reorganisationsmaßnahmen zum Beispiel in der Klimapolitik können dem analphabetischen Stimmvolk nicht kommuniziert werden. Das Stimmvolk wird ständig mit Fake News bombardiert und glaubt den Mumpitz mangels Überprüfungsmöglichkeiten. Sachliche Informationen zur Klimapolitik zum Beispiel können in ihrer Komplexität nicht vermittelt und nicht verstanden werden. Man muss dazu in der Lage sein, längere Texte zu lesen und zumindest ansatzweise zu verstehen, was gemeint sein könnte. Damit ist auch die Fähigkeit der repräsentativen Demokratien mit großem Anteil von Analphabeten im Stimmvolk zu politischen Kurskorrekturen generell erheblich bis gänzlich eingeschränkt. Ullrich FICHTNER drückt es in einem Leitartikel des SPIEGEL[94] zu einem anderen Thema so aus:

> „Die Vorgänge [in der SPD] weisen aber über die eine Partei hinaus auf allgemeinere Legitimationsprobleme in unserer deutschen Parteiendemokratie. Die Autorität der handelnden Eliten, Kompromisse stellvertretend für die vielen auszuhandeln, wird immer lauter infrage gestellt, und nicht nur von völkischen und anderen Systemfeinden. Auch zivilisierte Bürger entfremden sich von der komplexen Raffinesse einer europäisch und global austarierten Politik, die einem noch nicht einmal die eigenen Repräsentanten vernünftig erklären können." [...] Der Weg ist beschritten, dass an die Stelle der mühsamen Bewertung von Entscheidungen die schnelle moralische Empörung über die Entscheidungsträger tritt."[95]

Hier möchte ich den Gedanken hinzufügen, dass gesetzt den Fall, es gäbe „eine europäisch und global austarierte Politik" und die „Entscheidungsträger" wären in der Lage, eine solche vernünftig zu erklären, dies nur schriftlich geschehen könnte und dann das Problem entstünde, dass große und wahlentscheidende Teile der Adressaten dieser Erklärungen die schriftlichen Gedankengänge mangels Lesekompetenz nicht entziffern könnten.

---

[94] DER SPIEGEL Nr. 50 vom 7.12. 2019
[95] Ebd.

Fakt ist: Die notwendigen Maßnahmen für Kurskorrekturen beim Lebensstil und bei der Klimapolitik zum Beispiel können gegenüber einem großen und wahlentscheidenden Teil des Stimmvolks nicht dargestellt werden. Mehrheiten bei Wahlen und Abstimmungen über wichtige Themen können daher nur sehr schwer oder überhaupt nicht erreicht werden. Dies bedeutet mittelfristig den Verlust der Konkurrenzfähigkeit der „liberalen Demokratien" gegenüber diktatorischen Systemen wie z. B. in China. Dort genügt ein zentraler Befehl, um sämtliche Taxis in einer Stadt auf Elektroantrieb umzustellen. In China ist es in Bezug auf Wahlen nicht allzu sehr von Belang, ob die Menschen lesen und schreiben können, sie werden bei Wahlen nicht gefragt. Es gibt keine „freien" Wahlen, bei denen alle das Stimmrecht haben. Die Abgeordneten zum Nationalen Volkskongress in China werden durch Konsultationen ausgewählt.[96]

Die geschilderten Umstände bedeuten beispielsweise für die Europäische Union, dass Klimapakte und „Green Deals" mit großer Wahrscheinlichkeit scheitern werden, weil sie in demokratischen Abstimmungen in den Mitgliedsstaaten nicht erfolgreich „verkauft" werden können. Auf nationaler Ebene sind zwischen 10 und 20 Prozent der Wählerschaft mit Informationen und Tatsachenberichten darüber nicht erreichbar.

Der Analphabetismus, das ist es, worauf ich hinaus will, ist mit den Grundprinzipien einer „repräsentativen liberalen Demokratie" nicht vereinbar und zerstört sie von innen heraus. Ein entscheidender Anteil des Stimmvolks (ein Zehntel bis ein Fünftel oder sogar mehr, wie ich zeigen konnte) ist nicht in der Lage, sich darüber zu informieren, worum es bei einer Wahl geht, welche Positionen welche Parteien oder

---

[96] http://german.china.org.cn/de-zhengzhi/10.htm [15 08 2020]

die politischen Repräsentanten vertreten und welche Maßnahmen aus welchen Gründen und wie durchgeführt werden müssen, um zum Beispiel die Dynamik der Erderwärmung zu verringern oder, um ein aktuelles Wiener Beispiel zu nennen, einen Tunnel unter der Lobau zu bauen. Der Analphabetismus ist ein entscheidender Grund für die welt-weit ins Kraut schießenden Verschwörungstheorien und den Erfolg von Wahnsinnigen in den sozialen Medien und der Politik.[97]

Zusammengefasst bin ich überzeugt davon, dass Bürger, die nicht über die grundlegenden zivilisatorischen Fähigkeiten des Lesens und Schreibens verfügen, kein Recht haben sollten, in einer repräsentativen liberalen Demokratie über politische Fragen und politische Repräsentanten abzustimmen.

Ich weiß, nun wird das Geschrei groß und laut sein in allen Gassen und Kämmerlein. Das bedeutet in den Augen vieler die Aufgabe der besten aller Regierungsformen. Das Prinzip *„one man one vote"* ist sehr vielen sehr heilig.

Nein, die repräsentative liberale Demokratie soll meiner Meinung nach nicht aufgegeben werden. Ganz im Gegenteil, sie soll geschützt werden.

Es ist in meinen Augen eine dringende Aufgabe, dafür zu sorgen, dass der Analphabetismus als eine mächtige zerstörerische Kraft in unseren demokratischen Systemen sein Destruktionspotenzial nicht immer stärker und in immer mehr Ländern entfalten kann.

---

[97]Ich weise hier lediglich zur Illustration auf eine völlig irrsinnige und wahnwitzige neue Verschwörungstheorie hin, die sich QAnon nennt und sich Medienberichten zufolge sehr rasch ausgehend von den USA auch in *good old Europe* ausbreitet.

Neben dem individuellen Elend, das durch Analphabetismus entsteht und dessen genaue Untersuchung ich der Sozialpsychologie und der Sozialpädagogik überlassen möchte, verursacht weit verbreiteter Analphabetismus, wie ausführlich dargelegt, nicht zu unterschätzende und oft irreparable Schäden an unserem relativ erträglichen und bewährten politischen System der liberalen repräsentativen Demokratie.

Wie kann man nun den als nicht wünschenswert erkannten Analphabetismus eindämmen, verringern und seine Gefahren für Individuen und Gesellschaft eindämmen und entschärfen?

Meiner Meinung nach kommen grundsätzlich zwei verschiedene Strategien in Frage. Die erste ist ein mittel- und langfristig angelegtes allgemeines Re-Alphabetisierungsprogramm. Dies würde Jahrzehnte dauern und sein Gelingen wäre mit großer Unsicherheit verbunden.

Die zweite Strategie, der ich zuneige, ist die Einführung eines „Wählerführerschein" genannten Dokumentes mit einer abzulegenden Prüfung aus Anlass von Wahlen. Hier gibt es die erforderlichen Ressourcen zumindest in Österreich in der Trainingsindustrie, Beratungsindustrie und ähnlichen Branchen, die sich rund um das AMS[98] entwickelt haben, um ein solches Vorhaben mittelfristig und mit Chancen auf Erfolg durchzuführen. Worum soll es bei diesem Wählerführerschein genau gehen?

Kurz und knapp: Wählen sollen in Zukunft nur noch Personen, die einen Wählerführerschein vorweisen können. Ein solcher wird in Zukunft bei der Stimmabgabe neben dem Pass oder Lichtbildausweis verlangt werden müssen, um einen weiteren Verfall der liberalen Demokratien zu verhindern oder zumindest zu verlangsamen.

---

[98]Arbeitsmarktservice in Österreich

Dieser Wählerführerschein sollte praktischerweise differenziert werden nach der Art der Wahl. Eine Gemeinderatswahl oder allgemein eine Wahl auf einer lokalen Ebene oder die Wahl eines relativ unbedeutenden Provinz- oder Regionalparlaments erfordert andere Kenntnisse als zum Beispiel eine Bundestagswahl, eine Nationalratswahl oder eine Wahl zum europäischen Parlament.

Es wird daher nicht den einen Wählerführerschein geben müssen, sondern zum Beispiel zwei verschiedene. Einer berechtigt zur Wahl auf örtlicher oder kleinräumiger Ebene. Der zweite berechtigt zur Teilnahme an Wahlen des Bundesstaates (Nationalratswahl in Österreich, Bundestagswahl in Deutschland) und supranationalen Wahlen (EU-Parlament).

Für beide Arten von Wählerführerschein sollte jedoch der Nachweis der ausreichenden Beherrschung der jeweiligen Verkehrssprache in Wort und Schrift Voraussetzung sein. Das Lesen, Hören und Verstehen von Texten, die über das Niveau von Comics hinausgehen, muss für beide Wählerführerscheine Voraussetzung sein.

Für die höhere Wahl-Ebene ist zudem der Nachweis eines zumindest generellen Verständnisses des staatlichen oder suprastaatlichen Systems nachzuweisen (früher hieß das politische Bildung oder Staatsbürgerkunde), also durchaus Fächer, die in Schulen auf dem Lehrplan stehen oder standen, so der Herr Wähler oder die Frau Wählerin eine Schule besucht und abgeschlossen haben.

Man könnte das alles abtun als absurde Fantasie und Rückkehr zu einem elitären Staatswesen, in dem das „gemeine Volk" nichts mehr zu plaudern hat.

Das Gegenteil ist der Fall. Es muss nach meinem Eindruck dringend darauf reagiert werden, dass 200 bis 300 Jahre nach Einführung der allgemeinen Schulpflicht bzw. Unterrichtspflicht[99] in Deutschland und Österreich die oben erläuterten Analphabetenraten festgestellt werden müssen. Ich möchte diese Befunde zum Abschluss nicht wiederholen, sondern lediglich darauf hinweisen, dass sämtliche genannten Zahlen bezüglich Analphabetismus (zwischen 10 und 20 %) sehr wahrscheinlich Untergrenzen[100] sind und wir auf ein Drittel Analphabeten unter den Wahlberechtigten zuschlingern, weil jedes Jahr eine sehr große Zahl von Jugendlichen ohne Schulabschluss und mit geringer oder völlig fehlender Lesekompetenz dazustoßen und die angegebenen Prozentsätze schnell und drastisch erhöhen werden.

Wir müssen dieser Tage schmerzlich erfahren, dass die allgemeine Schulpflicht in den beschriebenen Ländern (und vielen anderen, hier nicht erwähnten), nicht dazu führt, dass alle Absolventen von Schulen die fundamentale Kulturtechnik beherrschen, nämlich die Verständigung mittels verschriftlichter Gedanken. Die Zahl derer, die dies nicht können, ist so groß, dass sie in den immer härter umkämpften „Wählermärkten" wahlentscheidende Größenordnungen erreicht.

Um es zum Schluss sehr plakativ auszudrücken. Wenn ich es mir aussuchen könnte, würde ich lieber nicht in einem Staat leben wollen, in dem Analphabeten den politischen Kurs bestimmen. Das ist mir zu gefährlich und widerspricht völlig dem Grundgedanken der liberalen repräsentativen Demokratie. Auf diese Staatsform konnte man bis vor kurzem noch stolz sein. Sie wird aber derzeit von den beschriebenen

---

[99] In Österreich wurde die Unterrichtspflicht im Jahre 1774 eingeführt, in Preußen, hier stellvertretend für Deutschland genannt, im Jahre 1717 Quelle: Wikipedia.org/wiki/Schulpflicht [11 09 2020]
[100] Die Erhebungsmethoden beruhen häufig auf Selbstauskünften der Befragten und Sozialwissenschafter gehen davon aus, dass bei der Lese- und Schreibkompetenz sehr häufig gelogen und geschummelt wird.

illiteraten Wählermassen und den von ihnen in höchste Ämter gehievten Politclowns, Staatsmann-Schauspielern und Verbrechern zugrunde gerichtet (Trump, Bolsonaro, Duterte et al.).

Es sei zum Schluss daran erinnert, dass der größte Verbrecher des zwanzigsten Jahrhunderts, Adolf Hitler, der den zweiten Weltkrieg anzettelte und halb Europa zerstörte, 1932 von mehr als einem Drittel der Wähler gewählt wurde.

> „Am 31. Juli 1932 geben 37,3 Prozent der Deutschen in freien Wahlen ihre Stimme der Nationalsozialistischen Deutschen Arbeiterpartei (NSDAP), [...] Spätestens jetzt [war] Hitler nicht mehr nur ein Hinterzimmer-Schwadroneur, der es mit dem Antisemitismus ein wenig übertreibt. Er ist noch nicht der "Führer", aber er führt schon die stärkste Fraktion im Reichstag."[101]

Es ist heute schwer festzustellen, wie hoch der Prozentsatz von Analphabeten im damaligen Stimmvolk war. Ich schätze, er war mindestens ebenso hoch wie in den USA heute und die Wahl Hitlers genügte völlig, um die Welt in ein noch nie dagewesenes Inferno zu stürzen.

*03 11 2019  korr 30 12 2019, 22 01 2020, 12 10 2020*

---

[101] https://www.zeit.de/wissen/geschichte/2012-07/weimarer-republik-nsdap-reichstagswahl [28 08 2019]

# 04 Was wollen die Waehler?

## Zynische Polemik

Was wollen die Wähler oder „das Stimmvolk"[102] (z.B. in der Ukraine, in Belorus) aber auch anderswo, USA, Brasilien, Philippinen, Ungarn, Polen, Österreich?

Die Wähler wollen die Senkung der Preise für Gas und Strom, höhere Löhne und höhere Renten, niedrigere Steuern, kürzere Arbeitszeiten, ein besseres Gesundheitswesen, mehr Urlaub, mehr elektronische Spielzeuge, mehr Autos (am besten SUVs), mehr Schokolade, mehr Pizza, mehr Kleider, größere und billigere Wohnungen.

Und, ganz wichtig: Die Wähler wollen keine Migranten, vor allem keine Muslime und Afrikaner. Kurz gefasst, alles soll – aus der Sicht des Stimmvolks - besser, billiger, einfacher und vor allem (außer bei Migranten) mehr werden. Man wünscht sich ein Schlaraffenland, ein Paradies auf Erden und die Politiker, die sollen es richten.

Alles das und noch mehr, schreit das Stimmvolk, will ich, gib es her! Sonst halten wir dich, lieber Politiker, für ungerecht und das wiegt schwer. Weil: die Gerechtigkeit ist's, die alles antreibt - und gerecht ist, ganz ohne philosophische und sonstige Feinheiten, vom einen mehr, vom anderen weniger: weniger arbeiten, höhere Löhne; weniger Steuern, bessere staatliche Leistungen.

---

[102] Ich wähle diesen Ausdruck, um nicht ständig der*die Wähler*innen schreiben zu müssen.

Da verstehe ich jetzt plötzlich, dass nur Politclowns und Kranke sich als Politiker bewerben und Manager in diesem Gewerbe kaum zu finden sind bzw. schnell scheitern.

Jedoch: Von weniger, da kommt nicht mehr, es sei denn, man betreibt Hexerei und Alchemie und diese sind, wir wissen es zumindest hierzulande, *fake arts, big farts, fake news*. Dies alles negierend, versprechen es die Politiker, auf den Plätzen, in den Netzen. Mit der großen Macht Gerechtigkeit treibt man es manchmal gar zu weit. *Fake arts, big farts, fake news*, da krieg ich einen ziemlich starken *Blues*. Wohin treibt des Staates Schiff? Rast es schnurstracks auf ein Kliff? Wenn des Stimmvolks Wollen Realität muss werden sollen, Potzblitz und Tausend, die Zauberer und Hexenmeister, sie bändigen nicht die Geister, die sie riefen ohnmachtsvoll, um zu zahlen ihren Zoll. „Fremdes Blut tut selten gut" ist die Antwort mancher Hetzer auf die Migration, welch unwürdige Schwätzer. Welch tolles Spiel wird hier betrieben? Lügner, Clowns und Geisteskranke führen uns hinters Licht und jede Schranke. Johlend folgt das Volk den Meistern, die es voller Hohn verscheißern.


Sumpfig, zittrig, lichterloh, ist die Welt, das ist halt so.

Menschen sind nur Material,

dumm oder gscheit, das ist egal.

Schreit einer halt!,

so ist er gleich

ein Gegner der Gerechtigkeit.

Ein Gegner des Glücks der breiten Massen,

denen er will ihren Teil nicht lassen.

Sorry, außer durch diese etwas schrägen Gedichtzeilen kann ich mich im Moment nicht auf einer rationalen Ebene an die derzeitigen politischen Ereignisse und Vorgänge herantasten. Trump, Bolsonaro, Duterte, Johnson, Höcke, Kalbitz, Kurz und Strache, Kickl und Hofer, jetzt Dominik Nepp[103] in Wien. Das sind unsere Führer oder wollen es sein, die das, wovor sie uns retten wollen, durch ihre Taten selbst herbeiführen. Wahre Hexerei, wahre Alchemie. Die mittelalterlichen Vertreter dieser Gewerbe waren wirklich arme Würstchen. Sie hatten weder Facebook noch Whatsapp noch Twitter und überhaupt kein Instagram; kein Fernsehen und kein Video, kein Youtube und kein Radio. Sie waren zeitweise vollkommen allein mit ihrem Gedankensalat und entsprechend betrübt sehr wahrscheinlich. Auch der moderne Politiker ist betrübt, wenn niemand jubelt auf den Plätzen und niemand ihm „likes" und „thumb up" gibt auf facebook. Diese sind seine[104] Währung, und natürlich die Anzahl der *follower*, die den Führern willig folgen.

Warum ist eigentlich noch niemand auf die Idee gekommen, dass das technische System und das Business-Modell der sogenannten „sozialen Medien" nicht nur ein großer Betrug ist an denen, die ihre Daten zur Verfügung stellen und dafür nichts bezahlt kriegen? Noch viel schlimmer, es ist eine Einübung in den kommenden Faschismus der Trumps, Bolsonaros, Johnsons und Konsorten. Das ist der wirkliche Horror. Dagegen waren Orwell's und Huxley's Zukunftsphantasien Kindergeburtstage und Ponyhöfe mit lauter kleinen putzigen Häschen, Einhörnern, Eichhörnchen und ziemlich glücklichen Kindern.

---

[103]Warum heißt er nicht Nominik Depp?

[104] Ich gendere hier bewußt nicht, weil es sind kaum Frauen in dieser Art von Politik zu finden. Politclowns und *wanna be dictators* sind, so weit mir bekannt, derzeit fast ausschließlich Männer. Hier fordert auch bis jetzt niemand eine Frauenquote. Das kommt aber demnächst, da bin ich mir ziemlich sicher.

Also, auf auf, kann ich nur sagen, ins faschistische Paradies, in dem jeder alles hat zum Nulltarif, Grundeinkommen für alle, 1.700 Euro Mindestlohn, Arbeitszeitverkürzung bei vollem Lohnausgleich. weniger Steuern zahlen und gleichzeitig bessere Leistungen vom Staat bekommen. Um dieses alchemistische Hexengebräu herbeizuschaffen, kann man nur mit *fake news und alternative facts* arbeiten. Sonst müsste man sich hinstellen vor die *Follower* und ihnen zurufen:


„Ich schäme mich, ich habe Euch belogen, das alles geht gar nicht, wenn man es genauer betrachtet. Aber ich habe es nicht genauer betrachtet, ich konnte es nicht, ich konnte nicht verstehen, was die Ökonomen und Techniker mir gesagt und aufgeschrieben haben. Außerdem dachte ich, dass man diesen Weicheiern sowieso nicht trauen darf, weil sie die große Verschwörungstheorie vom Einfluss des Menschen auf das Klima verbreiten. Und das ist die einzige Verschwörungstheorie, an die ich nicht glaube, liebe Freunde und *follower*, da dürfen wir uns nicht ins Bockshorn jagen lassen, und schon gar nicht in dieses von den Feinden des Volkes aufgestellte. Nehmt mich beim Wort und gebt mir eure Stimme!

*03 12 2019  korr 22 01 2020, 12 10 2020*

# 05 Soziale Mobilitaet

## Skizze

Wie kann der Sohn eines Schulhausmeisters und einer Köchin, Liam Neeson, innerhalb von zehn Jahren zu einem der gefragtesten und bestbezahlten internationalen Filmstars aufsteigen und nach weiteren zehn Jahren den Oscar für „Schindlers Liste" gewinnen?

Nun, dieser Liam Neeson ist keine Ausnahme: Das Versprechen der liberalen Demokratien, der „westlichen" Gesellschaften allgemein, dass es einen sozialen Aufstieg, eine vertikale soziale Mobilität gibt und dass dies nicht nur eine Propagandalüge ist, die dazu dient, die Unterdrückten bei Laune zu halten, das beweisen auch andere Karrieren.

„Wer oben ist, bleibt oben. Wer unten ist, kommt kaum mehr hinauf."[105] Das stimmt so nicht immer. „Soziale Mobilität meint eigentlich, dass sich Kinder aus ärmeren Familien durch individuelle Anstrengung und die soziale Durchlässigkeit der Gesellschaft eine besser bezahlte und sozial höher geschätzte Position erarbeiten können als ihre Eltern es hatten.

Der Arbeitersohn wird Arzt, Die Tochter eines ägyptischen Einwanderers und einfachen Arbeiters wird doppelte Akademikerin, lässt sich mit 25 Jahren scheiden und erzieht ihren Sohn völlig selbständig und autonom, ohne dass ihr ägyptische Machos dreinreden können.

---

[105] https://www.diepresse.com/5644014/der-aufstieg-wird-immer-schwieriger [17 12 2019]

Soziale Mobilität heißt nicht nur: mehr materieller Wohlstand und mehr gesellschaftliche Wertschätzung, Sondern bedeutet auch Gewinn an Autonomie und Freiheit, wie in dem Fall der Ägypterin, der mir persönlich bekannt ist.

> „Zu starke Ungleichheit gefährdet den Zusammenhalt in der Gesellschaft. Die Politik soll möglichst allen eine angemessene Teilhabe am gemeinsamen Wohlstand sichern. Aber Ungleichheit unterliegt einem steten Wandel. Wer in jungen Jahren aus knappen Verhältnissen startet, mag nach erfolgreicher Karriere zu den Spitzenverdienern gehören und dann an der Beseitigung der Ungleichheit kein Interesse mehr haben."[106]

Die Protagonisten des Niedergangs der östereichischen Sozialdemokratie im 20. und 21. Jahrhundert wie Franz Vranitzky, Alfred Gusenbauer, Viktor Klima, Christian Kern, Thomas Drozda und Pamela Rendi-Wagner gehören zu dieser Schicht von „Aufsteigern". „Wer daran glaubt, bald selbst zu den Reichen zu gehören,"[107] versucht zu verhindern, dass eine Verringerung der Ungleichheit geplant und umgesetzt wird. „Er*sie hat womöglich weniger Verlangen danach, den eigenen Aufstieg mit progressiven Steuern und mehr Umverteilung zu erschweren."[108] So kommt die soziale Mobilität, ein Kennzeichen und eines der zentralen Versprechen der liberalen Demokratie, dem Politikmodell des „Westens", durch das kräftige Mittun und die Mitarbeit der Mittel- und Unterschicht langsam aber sicher zum Stillstand. Das Gesellschaftsmodell stirbt am eigenen Erfolg.

*31 08 2020 11 09 2020 12 10 2020*

---

[106]vgl. http://www.wpz-fgn.com/wp-content/uploads/WPZ-FN55SozialeMobilit%C3%A4t.pdf [23 08 2020]

[107] https://science.apa.at/site/kultur_und_gesellschaft/detail?key=SCI_20191017_SCI39491352051184582 [17 12 2019]

[108]https://science.apa.at/site/kultur_und_gesellschaft/detail?key=SCI_20191017_SCI39491352051184582 [18 12 2019]

# 06 Queerness am Beispiel Daniel Küblboeck, Conchita Wurst und Judith Butler

## Essayistische Polemik

In einer gesellschaftlichen Bewegung, wie sie die Queerness-Fraktion darstellt, gibt es Opfer, Profiteure und Ideologen. Diese Feststellung ist der Ausgangspunkt meiner Überlegungen zum Thema *Queerness*.

Anhand von drei Protagonisten bzw. Protagonistinnen der *Queerness*-Fraktion werde ich versuchen, das Thema aus meiner völlig subjektiven und subversiven Sicht darzustellen.

Ich illustriere meine Überlegungen zur *Queerness* am Beispiel von zwei in der letzten Zeit bekannt gewordenen jungen Männern[109] und gehe dann auf die Demontage oder Entnormalisierung des dualen Konzeptes Mann-Frau ein, wie sie von den *queer Studies* an unseren Universitäten ausgedacht, abgeschrieben, gelehrt und propagandistisch massiv verbreitet wird. Hierbei beziehe ich mich auf Judith Butler, die in meinen Augen die Rolle einer Chefideologin der *Queerness*-Bewegung übernommen hat oder von den Vertretern der *Queerness*-Fraktion zur Ideologin erkoren wurde.

---

[109]Ob der Ausdruck Männer hier richtig ist, weiß ich nicht genau, biologisch waren bzw. sind sie es wohl, sonst halt nicht. Ich lasse den Ausdruck trotzdem mal so stehen.

Kommen wir jetzt mal von der Erklär-Ebene zu den *queeren* Personen:

Daniel Kaiser-Küblböck, der erste meiner Protagonisten, erlangte eine gewissse "Berühmtheit", wie das heute heißt, bei oder mittels RTL. Er glaubte wahrscheinlich nach der Casting-Show DSDS (Deutschland sucht den Superstar), das Dasein bestehe aus solchen Mätzchen, Kinkerlitzchen und dem Tinnef, wie sie in diesem Fernsehsender RTL den ganzen Tag lang in den perversesten Dosierungen zu sehen sind.

Ein solcher Irrglaube, nämlich dass man *Reality-TV* für die Wirklichkeit hält, kann üble Folgen haben für das richtige Leben, wie später noch zu lesen sein wird.

Zum besseren Verständnis von *Queerness*, der dieser junge Mann Daniel Küblböck wohl unwillentlich und unbewusst anheimfiel, hier zunächst eine Definition, was mit *queer* gemeint ist aus einer Website namens „Krass:"[110]

> „*Queer* ist einerseits eine soziale Bewegung und andererseits als „*Queer Theory* oder *Queer Studies*" eine Theorie bzw. Fachdisziplin. [...] *Queer* wird auch als neuer „Sammelbegriff" für Schwule, Lesben, Bisexuelle, Transsexuelle, *Cross-Dresser*, BDSMler [sowie] Intersexuelle verwendet."[111]

„*Queer* war ursprünglich ein Schimpfwort und die *community* verwendet es als Selbstbezeichnung, auch um ihre Unterdrücker immer daran zu erinnern."[112] Diese Formulierung deutet darauf hin, dass die Website Krass den Segen der *Queerness*-Fraktion hat bzw. von ebendieser Fraktion betrieben wird.

---

[110] Eine unkommerzielle, selbstorganisierte Theorie/Praxis/Kunst-Zeitschrift. https://www.krass-mag.net/was-ist-krass/ [15 12 2019]
[111] Ebd.
[112] Ebd.

Auch mit dem Ausdruck „schwul" wurde so verfahren. Schwul gelangte vom Schimpfwort zur stolzen Selbstbezeichnung.

Beides kommunikative Meisterleistungen, wie ich finde.

Das ist alles, was man vorab zum Thema wissen muss.

Die drei in diesem Aufsatz vorkommenden Personen, die ich als Beispiele für gelungene *Queer*karrieren (Tom Neuwirth aka Chonchita Wurst) und misslungene *Queer*karrieren (Daniel Kaiser-Küblböck) und als Beispiel für die Etablierung einer Chefideolgin anführe, Judith Butler nämlich, kenne ich nicht persönlich.

Meine Informationen stammen aus dem Internet und aus in der Printpresse veröffentlichten Texten über sie und von ihnen. Der Rest entspringt meiner Phantasie und meinen Überlegungen.

Judith Butler, die Chefideologin der *Queerness*-Bewegung „ist Professorin für Rhetorik und Komparatistik an der *University of California, Berkeley*. Ihre sozialwissenschaftlich-philosophischen Arbeiten stehen in der Tradition der Kritischen Theorie, des Poststrukturalismus und der *Queer*-Theorie."[113] Das steht so in Wikipedia, ich habe es nicht überprüft.

Nun zurück zur ersten *Transgender*-Person Daniel Kaiser-Küblböck:

Erst vor Kurzem, im September 2018, hat sich dieser Daniel Kaiser-Küblböck, der mit einer RTL *Casting-show* "berühmt" wurde, offenbar in einer sehr melancholischen Stimmung von einem Kreuzfahrtschiff in das extrem kalte Wasser eines sehr nördlichen Meeres in den Tod gestürzt, weil er seine Identitätskonflikte nicht mehr auf die Reihe

---

[113] https://de.wikipedia.org/wiki/Judith_Butler [21 08 2019]

bekam und dann bei ihm so eine Art Schizophrenie ausgebrochen ist, wie im SPIEGEL ferndiagnostisch behauptet wurde[114].

Fürchterliche Geschichte, im SPIEGEL sehr empathisch beschrieben: wie Daniel Küblböck eine Meise und die Motten gleichzeitig kriegte und ihm der Draht aus der Mütze sprang, aber ordentlich, und er sich anschließend selbst so eliminierte, dass niemand anderer zu Schaden kam. Armer Kerl, Daniel Küblböck, nach meinem Eindruck war er ein fleisch- und seelengewordener Prototyp und ein Opfer der *Queerness*-Demiurgen und Demiurginnen.

Sicher kann aus der Entfernung nur eines gesagt werden: Daniel Küblböck konnte nie offen rauskommen damit, dass er schwul war. In Bayern am Land wurde man als Schwuler bis vor kurzem noch als Aussätziger oder asozialer Perversling behandelt. Da genügte eine rosa oder violette Hose und man hatte den Stempel „Schwuchtel" weithin sichtbar auf der Stirn. Ich spreche aus eigener Erfahrung in den siebziger Jahren des 20. Jahrhunderts.

---

[114]vgl. HUTT, F. (2018), Das Leben und Sterben des Daniel Küblböck, in: DER SPIEGEL vom 30.11 2018

Klaus Wowereits Satz (ehemaliger Berliner regierender Bürgermeister von Berlin 2001-2014) „ich bin schwul und das ist auch gut so", wäre zu Daniel Küblböcks Jugend in Bayern nicht ungestraft gesagt worden. Trotzdem weiß ich nicht genau, ob ich Herrn Wowereit für seinen Spruch loben soll oder nicht? Die Tatsache, dass Männer schwul sind, mag gut sein für Herrn Wowereit. Schwulsein oder *queer* sein als Norm oder überlegene sexuelle Orientierung zu klassifizieren, halte ich allerdings für dummdreiste Propaganda. Zudem ist es eine freche Verkehrung von Tatsachen. Schwul sind ca 5 bis 10 Prozent der Männer, eher weniger.[115] Bei Frauen weiß man's nicht so genau, aber wahrscheinlich ist es ungefähr ein ähnlicher Prozentsatz. Das schwankt bei beiden *Genders* sehr, in Abhängigkeit vom Erfolg der Protagonisten der *Queerness* im Musikgeschäft, in den „sozialen" Medien, in Werbung und in staatlicher Propaganda, der Anteil an schwulen Männern ist zudem abhängig von *role models* wie Wowereit.

Also – ganz ohne Besserwisserei und oberflächliches Machogehabe: Die Regel bei Säugetieren ist der heterosexuelle Mann und die heterosexuelle Frau bzw. Männchen und Weibchen. Da können die Schwulen, *Dykes*, C-Promis, *Reality-TV-Personalities* und *Socialites* sowie die *Transgender*personen noch so kreischen und jaulen. Diese etwas goschert gewordenen Zeitgenossen sollten dringend damit aufhören, ihren *Lifestyle und ihre* sexuelle Orientierung als die überlegene und einzig richtige Lebensweise darzustellen. Das ist schlecht gemachte Propaganda, die nach meinem Eindruck kontraproduktiv ist und mehr Schaden als Nutzen für diese Minderheiten stiftet.

---

[115] Eine jüngere Erhebung kommt auf ca. 6 Prozent *queer persons*, da sind schwule Männer inkludiert. Quelle: https://blog.zeit.de/teilchen/2016/10/19/so-schwul-ist-europa/ [31 08 2020]

*Queerness* ist nach meiner Überzeugung durchaus eine Ausnahme, eine Laune der Natur, wenn man so will. Deshalb ist die *Queerness* ja *queer*, sonst wäre sie es nicht. *Queerness* ist daher nicht geeignet für eine Norm, ein *Rolemodel* oder Ähnliches. Damit würde „*queer*" ad absurdum geführt und völlig seiner Bedeutung beraubt.

Kurz zusammengefasst meine Position: Die vorherrschende sexuelle Orientierung bei Säugetieren ist die Heterosexualität, weil das für die Fortpflanzung erforderlich ist und das ist, finde ich, auch gut so. Wäre es nicht so, gäbe es keine *queer persons* und die Menschen wären ausgestorben.[116]

Ich halte die Tendenz, Schwulsein oder *Queerness* als *hipper, funkyer* und überhaupt viel geiler als hetero verkaufen zu wollen und als *Lifestyle* und *Rolemodel* zu etablieren, für entbehrlich, verlogen, überflüssig, zum Scheitern verurteilt und extrem nervend.

Ich habe das bereits zart durchblicken lassen. Warum geht mir das so tierisch auf den Sack? Ich als alter weißer Mann bin überzeugt, wir sollten die bereits herrschende Dekadenz im Heterosektor, dem „Mann-Frau-Dingens", um Daniela Noitz zu zitieren, nicht unterschätzen und *gender*politisch etwas vorsichtiger sein.

Das Durcheinandergeraten von *Rolemodels* im Verhältnis von heterosexuellen Männern und Frauen ist schon genug Arbeit für Scheidungsanwälte und *Shrinks*. Auch die Mordkommissionen und die Justiz generell haben mehr Arbeit, weil Konflikte zwischen heterosexuellen Männern und Frauen vermehrt mit Waffen und Fäusten ausgetragen

---

[116] Es gibt selbstverständlich einige Leute, die finden, das sei auch gut so.

werden. Die final Leidtragenden sind übrigens in der großen Mehrheit Frauen.

Ich behaupte, wir brauchen zu dieser bereits herrschenden Dekadenz und Verwirrung im Verhältnis von männlichen und weiblichen Heteros nicht zusätzlich noch eine *queere* Philosophie a la Judith Butler, die verkündet: Es gibt kein biologisches Geschlecht, Mann und Frau sind bloße soziale Konstrukte, Sprechakte und so weiter, Geschlecht hat nichts mit Biologie zu tun. [117] Diese „Theorie" ist hinreichend bekannt, ich brauche damit nicht wertvolles Papier zu verschwenden, um das noch ausführlich darzustellen und zu dekonstruieren. Am Schluss gehe ich noch kurz darauf ein. Ganz so einfach und plakativ sind Butlers Gedanken selbstverständlich nicht. Zur Illustration ein längeres Zitat einer ihrer Interpretinnen:

> „Diskurse über die eindeutige Geschlechtszuweisung finden, so Butlers Darstellung, immer wieder statt und sind deshalb Veränderungen unter-worfen. So ist die Einordnung in eine geschlechtliche Norm insoweit instabil, als die Norm an sich bereits durch Diskurse ebenso verändert wird wie die Zuordnung zu ihr. Eine kritische Genealogie der Geschlechterontologie, die die Veränderbarkeit und die Historizität von Natur und Kultur belegt, wird bei Butler nicht explizit dargestellt. Allerdings beruft sich Butler auf eine kulturelle *Matrix der Intelligibilität*, die das Geschlecht auf einen Körper zurückführt und ihn der Norm unterwirft. Körper sind für sie hier Gegenstände, die allein mittels Verstand und Vernunft vorgestellt werden können, also Konzepte und Konstrukte, die in der Gesellschaft akzeptiert und dadurch sichtbar und wahrnehmbar werden, wie etwa das heteronormative Modell der binären Geschlechtlichkeit. Diese Vorstellungen werden in einer Matrix des Sozialen gedacht, einem feinen Netz von Diskursen und Machtstrategien, die um einen (diskursiv hervorgebrachten) Gegenstand gespannt werden."[118]

So kann man es natürlich auch sagen. Ich finde allerdings, die auch noch so kulturwissenschaftlich und sonstwie verklausulierte Be-hauptung oder Hypothese, es gebe keine biologisch definierten

---

[117] vgl. hierzu https://www.fu-berlin.de/sites/gpo/soz_eth/Geschlecht_als_Kategorie/
Die_soziale_Konstruktion_von_Geschlecht____Erkenntnisperspektiven_und_gesellschaftstheoretische_Fra
gen/index.html [12.09.2020]
[118] BUBLITZ, H. (2010), Judith Butler zur Einführung. 3. Auflage, Hamburg: Junius Verlag S. 60

Männer und Frauen, sollte man jetzt endlich auf den Müllhaufen der Geschichte werfen und mal wieder vom diesbezüglichen *Trip* runterkommen.

Die Lächerlichkeit und Erbärmlichkeit dieses als „*queere* Philosophie" verkauften hohlen und großteils völlig unverständlichen und absurden Geredes wird schnell in dem Augenblick offenbar, in dem man sich die Mühe macht, Texte der „*Queer*-Philosophin" Judith Butler im Original genauer zu lesen und zu analysieren: Hier nun zur Illustration und zur allgemeinen Erbauung und Erheiterung zwei kleine Kostproben ihrer Hervorbringungen:

Beispiel Nummer eins, Judith Butler sagt/schreibt:

„Geschlecht ist eine Art Nachahmung, für die es kein Original gibt; in der Tat ist es eine Art Nachahmung, die den Begriff des Originals als eine Wirkung und Folge der Nachahmung selbst hervorbringt."[1]

*yeah people, thats queer philosophy, isn't it?*

Wer es auf Anhieb nicht ganz verstanden hat, so wie ich, bitte noch einmal kurz aufmerken: Geschlecht ist eine Nachahmung, die aber keine Nachahmung sein kann, weil es nichts gibt, das man nachahmen kann. So weit so unklar.

Dann aber wird's mystisch, gar zauberisch. Die Nachahmung, die keine ist, weil es nichts gibt, das man nachahmen kann, bringt das Nicht-Nachgeahmte hervor und wird dadurch zum Original, das man dadurch doch wieder nachahmen kann.

Ich habe den Eindruck, diese wenigen Sätze zur Darstellung eines der zentralen Gedankengänge der Frau Butler zum Thema Geschlecht zeigen deutlich, dass es sich hierbei um akademisch verbrämten Schwachsinn handelt. Doch das ist beileibe noch nicht alles, was aus dem akademischen Kämmerlein dieser Chefideologin der *Queerness* so an „Weisheiten" hervorquillt.

Zur illustration Beispiel Nummer zwei:

> *"If Lacan presumes, that female homosexuality issues from a disappointed heterosexuality, as observation is said to show, could it not be equally clear to the observer that heterosexuality issues from a disappointed homosexuality?"*[119]

Das könnte man milde als bloßes Wortspiel betrachten, ist aber von Frau Butler eher nicht so gemeint. An diesen zwei kurzen Beispielen sieht man sehr schön und deutlich, worum es den Schwestern und Brüdern der *Queerness*-Fraktion geht. *„heterosexuality issues from a disappointed homosexuality."* Ich weiss, es ist eine Hypothese und keine Feststellung, trotzdem möchte ich diese Hypothese einmal durchdenken. Wir werden alle schwul geboren und nur weils so wenige passende Sexualpartner gibt, wenden wir uns dem *opposite gender* zu und werden aus *disappointment* hetero. Ein heterosexueller Mann ist ein enttäuschter Schwuler. Bingo, das ist starker Tobak. Aber so meint sie es wahrscheinlich.

Dieser Satz von Frau Butler entlarvt die Ideologie, die hier mit massiver staatlicher Unterstützung verbreitet wird, auf das Schönste: Hier sollen in einem Satz 300.000 oder mehr Jahre, menschliche Evolution ausradiert und zu einen Irrtum erklärt werden. Ein ziemlich hirnrissiger Versuch mit völlig untauglichen Mitteln, wie ich konstatiere.

---

[119] https://www.goodreads.com/author/quotes/5231.Judith_Butler

Nun ist ein kurzer Exkurs angebracht:

Zur Erholung, hoffe ich, nach all dem Butlerschen Geschwurbel. Ein paar Fakten möchte ich nachdrücklich und unmissverständlich außer Streit stellen. Ich hebe deutlich hervor: Es ist völlig richtig, notwendig und legitim, dass in aufgeklärten Kulturen Akzeptanz über die Tatsache hergestellt wurde und wird, dass es schwule und heterosexuelle menschliche Wesen gibt und dass manche menschlichen Wesen sich außerstande sehen, sich eindeutig als Mann oder Frau zu definieren, sondern vielleicht als beides gleichzeitig leben wollen.

Auch dass sich manche Personen als ein völlig anderes Wesen sehen, als ein zum UFO umgebautes Toastbrot meinetwegen oder überhaupt gleich als *alien,* halte ich aus.

Vieles ist möglich, nur: siehe oben. Heterosexualität ist kein Zwang, sondern eine von den meisten Menschen bevorzugte Option, wie sie ihr Leben verbringen wollen. Dadurch wird es zur Norm, weil eben 95 Prozent hetero sind und das auch gut finden.

Wenn jetzt Frau Butler verkündet oder als Hypothese formuliert: *„heterosexuality issues from a disappointed homosexuality"* dann sollte man vielleicht nur grinsend mit der Schulter zucken. Auf Universitäten wird auch sonst viel haarsträubender Unsinn verbreitet und Hypothesen aufstellen ist Grundlage jeden wissenschaftlichen Denkens.

Mir scheint Butler's Hypothese allerdings ein gefährlicher Unsinn zu sein. Etwa in der Preisklasse wie die Vermutung, man könne sich gegen radioaktive Strahlung mit Papiertüten oder Aktentaschen auf dem Kopf schützen. Das ist gefährlicher Unsinn und wird zu Recht nicht an Universitäten verwendet. Zumindest nicht an unseren, so weit mir bekannt ist. Wie das derzeit in den Vereinigten Staaten von Amerika gehandhabt wird, entzieht sich meiner Kenntnis. In einem Land, in dem eine Figur wie Donald Trump Präsident werden kann, ist nichts auszuschließen. Die Butlerschen Hervorbringungen werden hingegen sehr wohl an Universitäten gelehrt, nicht nur in den USA, sondern besonders auch im schönen Österreich. Die *„Queer studies"* haben es inzwischen zu einer Halb- oder Dreiviertelwissenschaft gebracht. Hier passt der Ausdruck *queer* ausnehmend gut in seiner Bedeutung von „seltsam."

Nun zurück zu Daniel Kaiser-Küblböck: Er war schwul und schwankte identitätsmäßig zwischen den zwei Geschlechtern. Bin ich ein Männchen oder bin ich ein Weibchen? Daniel wusste es nicht so richtig. Er wusste auch nicht, so wie Conchita Wurst, dass es wurst ist, sondern er litt heftig daran, dass es ihm unklar war.

Als er auf der Schauspielschule eine Frau spielen musste, packte er das nicht mehr und rastete komplett aus, um auf seine Seelenpein aufmerksam zu machen. Man betrachtete seine Randale als Wichtigtuerei, weil er sich nicht genug gewürdigt fühlte und größere Rollen wollte. Man übersah dabei seine ernsthaften Schwierigkeiten, sein Ich so zu formen, dass er in dem sozialen *Setting*, dem er angehörte, halbwegs damit klarkam. Er entwickelte laut Ferndiagnose des SPIEGEL eine Art schizophrener Psychose.[120] Oder nach anderer Meinung: eine „Geschlechtsdysphorie." ob das richtig ist mit der schizophrenen Psychose, weiß ich nicht, es ist auch völlig wurst, wie das genannt wird, Daniel hat jedenfalls kurze Zeit später Selbstmord be-

---

[120] vgl. https://www.spiegel.de/plus/daniel-kueblboeck-die-ganze-geschichte-a-00000000-0002-0001-0000-000161087465 [21 08 2019]

gangen. Unter Geschlechtsdysphorie ist jedenfalls eine *„Gender Identity disorder"* zu verstehen, eine Geschlechtsidentitätsstörung.

Bei Daniel Küblböck kamen nach meiner ferndignostischen Ansicht erschwerende Faktoren dazu, die sein seelisches Wohlbefinden stark beeinträchtigten. Als Schauspielschüler musste er, wie erwähnt, viele verschiedene Rollen lernen und spielen, Männer und Frauen, wobei Letzteres allem Anschein nach noch zusätzlich und entscheidend zu seiner Verwirrung beigetragen haben dürfte. Mir scheint zudem, dass Daniel Küblböck nicht über das Reflexionsvermögen eines*r Conchita Wurst verfügt haben dürfte.

Herr*Frau Wurst inszeniert sich und seine Kunstfiguren genau aus dieser Konstellation heraus: „schwuler Mann spielt eine Frau", die singen kann. Er zeigt sich mal als Frau mit Bart und Wallemähne sowie Abendrobe und mal mehr oder minder nackt als Mann mit Glatze und Waschbrettbauch. Tom Neuwirth schuf nicht nur eine Bühnenpersönlichkeit, er hatte kurzfristig auch als Sänger*in Erfolg und kam gleichzeitig offenbar im realen Leben anders als Daniel Küblböck mit dieser demonstrativen *Queerness* gut klar. Ich vermute, weil er*sie die Frauenrolle spielte und seinen Frauen-Anteil dadurch von sich abspaltete, was Daniel Küblböck nicht konnte oder wollte.

Durch dieses Beispiel der*s Herrn*Frau Wurst ist wohl hinlänglich bewiesen: ein Mensch, physisch nach seinen*ihren Angaben ein Mann, kann sowohl schwul sein, als auch fast simultan als Mann und als Frau kommunizieren. Das versucht Frau*Herr Wurst*Tom Neuwirth. Er*sie sagt dazu selbst:

> „Vor allem der Bart ist ein Mittel für mich, zu polarisieren und auf mich aufmerksam zu machen. Die Welt reagiert auf eine Frau mit Haaren im

Gesicht. Was ich mir wünsche, wäre, dass sich die Leute ausgehend von meiner ungewöhnlichen Erscheinung Gedanken machen – über sexuelle Orientierung, aber genauso über das Anderssein an sich. Manchmal muss man den Menschen einfach und plakativ klarmachen, worum es geht."[121]

Herr*Frau Wurst will uns also klarmachen, worum es geht: Ums Anderssein eben, *queer* sein. Er*sie betrachtet sich offenbar auch als eine Art Erzieher, der den Ignoranten, das sind alle außer ihm*ihr selbst, klarzumachen wünscht, dass doch nicht alles Wurst ist, vor allem dann nicht, wenn es ihn*sie betrifft.

Das soll alles so sein, wie es ist und von ihm*ihr dargestellt. Mir ist es offen gesagt auch im Grunde wurst, dass auch der*die arme Conchita wegen seinem*ihrem Schwulsein in Mattighofen/Österreich diskriminiert wurde und dass er*sie deswegen dieses Outfit „Frau mit Bart" erfunden hat und dies dann als Kunst, als Schauspielkunst wohl, bezeichnet wissen möchte. Der*die Herr*Frau Wurst ist sicher extrem klug und tüchtig und ich gönne ihm*ihr jeden Erfolg ganz ohne Neid. Zum besseren Verständnis hilft vielleicht ein Interview von Herrn*Frau Wurst*Tom Neuwirth mit dem deutschen Printmedium „Bild", in dem er*sie sich ganz ohne akademisches Gedöns folgendermaßen charakterisiert:

„BILD: Wer sind Sie?

Sie [Conchita Wurst] lächelt flirtend:

„Ich bin zwei Menschen.

Ich bin eine Lady mit Bart.

Ich bin ein Mann, aber ich fühle als Frau."[122][123]

[121] https://www.tvmovie.de/news/ein-mann-der-seine-frau-steht-conchita-wurst-59696 [15 08 2020]
[122] https://www.crossdresser-forum.de/phpBB3/viewtopic.php?t=9421 [15 08 2020]
[123] https://www.bild.de/unterhaltung/leute/conchita-wurst/ist-ein-mann-aber-fuehlt-sich-als-frau-38718298.bild.html

Das klingt wie eine klare Definition. Aber: „Ich bin zwei Menschen." ist natürlich völliger Mumpitz. Er*sie spielt zwei Menschen. Und zwar nicht gleichzeitig, das ginge nicht, sondern hintereinander. Mal ist er*sie eben Conchita, die kleine Streichelpussy, mal Tom, der seine Arschbacken schön locker hält, wenn er penetriert wird. Um wieder an Herrn Wowereit anzuknüpfen. Tom Neuwirth könnte sagen: „Ich bin ein Mann, aber ich fühle als Frau - und das ist auch gut so."

Dem könnte man vorbehaltlos zustimmen, Und das ist, nebenbei gesagt, auch durchaus nichts so extrem Außergewöhnliches, wie Herr*Frau Wurst ständig behauptet, um sein*ihr Geschäftsmodell zu propagieren.

Ein paar Zahlen, die zur Orientierung nützlich sein können: „seit Mitte der Neunziger Jahre [des 20. Jahrhunderts] haben in Deutschland rund 20.000 Personen mithilfe des Transsexuellengesetzes ihr Geschlecht offiziell angeglichen.[124] Also, wenn man dem deutschen Bundesamt für Justiz glauben darf, und ich neige dazu, gibt es etliche von der *queeren* Art Tom Neuwirths, die kein solches Gewese um ihren Zustand oder ihre *Transgenderness* machen. Zwanzigtausend[125] Transsexuelle bei 80 Millionen Einwohnern sind eine sehr kleine Minderheit, völlig erträglich und gut so. Seid bitte so, wie ihr sein wollt. Diese Ziffer bezeichnet nur diejenigen, die ihr Geschlecht - operativ oder sonstwie - angeglichen haben, aber natürlich nicht diejenigen, die unter der erwähnten *Gender Identity disorder* leiden, also Männer mit Männerkörpern, die sich als Frau fühlen und Frauen mit Frauen-

---

[124] Quelle: Bundesamt für Justiz, gefunden im SPIEGEL Nr. 48/2019 S. 100

[125]

körpern, die sich als Mann fühlen. Das dürften weit mehr als zwanzigtausend sein und ihre Anzahl scheint zu wachsen.

Gut ist daran, dass diese paar Tausend Personen weder diskriminiert noch sonstwie gequält werden, sondern dass man sie in Ruhe leben lässt; und gut ist auch, dass es solche Minderheiten gibt und dass Medizin und Psychiatrie/Sozialpsychologie dort helfen müssen, wo dies mit dem derzeitigen Wissen und Können möglich und sinnvoll ist.

Also zusammengefasst: *Queer* ist nicht die Norm, sondern eben *queer*, eine Ausnahme. Jemand, der als physischer Mann eine Seele wie eine Frau hat, der*die hat es nicht leicht – siehe Daniel Küblböck, der wahrscheinlich deshalb seelisch krank wurde und seinem Leben ein Ende setzte, indem er in diese scheißkalte Brühe der Labradorsee hineinhüpfte. *Rest in Peace,* Daniel, Du hast es versucht, es hat nicht geklappt. Andere wie Tom Neuwirth machen daraus ein erfolgreiches Geschäftsmodell.

Jemand, der als schwule Frau Philosophie betreiben will, wie Frau Butler es versucht, hat's auch nicht leicht und muss offenbar mit möglichst haarsträubend-flockigem Unsinn auffallen, um wahrgenommen zu werden, um ihre Anhänger zu erfreuen und gleichzeitig Stoff für die Empörungsindustrie ihrer Gegner zu liefern.

Frau Butler kann sich, so vermute ich, nicht einfach einen Bart wachsen lassen wie Herr*Frau Wurst, obwohl das sicher eine gute Idee wäre. Die Aufmerksamkeit der ganzen Welt wäre ihr sicher. Die erste schwule weibliche Philosophin mit Marx-Rauschebart. Ein Knüller für Eingeweihte. Da bin ich mir sicher.

Um Frau Butler, unserer Chefideologin, nicht Unrecht zu tun und ihre Bedeutung kleinzureden: Sie verwehrt sich z. B. gegen die Folgerung,

> „dass die *Queer*-Theorie jedwede Geschlechtszuordnung bekämpfen würde oder die Wünsche derer fragwürdig machen wollte, die zum Beispiel bei Intersex-Kindern solche Zuordnungen sicherstellen möchten, weil Kinder sie durchaus brauchen können, um sozial zu funktionieren, selbst wenn sie später im Leben – um die Risiken wissend – zu dem Entschluss gelangen, ihre Geschlechtszugehörigkeit zu ändern.“[126]

Na immerhin, Kinder werden nicht gezwungen. Danke, Frau Butler! Das ist sehr großzügig von Ihnen.

Zum wirklichen Schluss jetzt noch ein paar versöhnliche Sätze zum Thema schwul, lesbisch, intersexuell. Das ist alles gut so, keiner tut Euch was, zumindest hierzulande. Aber verschont uns bitte mit eurem überflüssigen Gedöns und Gewese, wie *hip* und Klasse und besser eure *Queerness* sei, als hetero zu sein. Sucht euch Ideologen*innen wie Judith Butler und glaubt denen jeden Mumpitz, aber nervt nicht ständig rum damit.

Noch zwei Gedanken, die meinen Aufsatz etwas versöhnlicher aus-klingen lassen: Judith Butler hat selbstverständlich nicht nur Blödsinn verfasst und gesagt. Ihre Interpretation des Antigone-Mythos enthält einige sehr erhellende Sätze und Gedankengänge.[127]

Tatsächlich wurden Schwule und Transpersonen bis vor Kurzem noch heftig diskriminiert. Nicht in fernen Ländern, sondern hier in der Nachbarschaft. In Deutschland zum Beispiel durften bis 2017 homo-sexuelle Männer kein Blut spenden.[128] In solchen Fragen treffen sich

---

[126] BUTLER, Judith (2009) Die Macht der Geschlechternormen und die Grenzen des Menschlichen, Frankfurt am Main, Suhrkamp Verlag, S. 19

[127] vgl. BUTLER, J. (2001), Antigones Verlangen - Verwandtschaft zwischen Leben und Tod, Frankfurt a.M.: Suhrkamp Verlag, zitiert bei ALI, H. a.a.O.

[128] vgl. https://www.aidshilfe.de/blutspendeverbot-schwule-bisexuelle-maenner [23 08 2020]

Schwule und Heteros wieder und ein gemeinsames Gewese und ein lauter Protest gegen solche Art von Homophobie oder gesetzgewordenen Sexualneid halte ich für notwendig und eine solche Diskriminierung erfordert gemeinsame Gegenwehr von Schwulen und Nicht-Schwulen. Zum Ausklang noch ein Exkurs, weil ich glaube, dass das Folgende sehr gut illustriert, in welche Sphären der Absurdität uns die philosophischen Hervorbringungen der Frau Butler und die darauf aufbauenden Spekulationen irgendwelcher Epigoninnen bereits geführt haben. Ich beziehe mich auf einen Aufsatz von Meredith HAAF[129] mit dem aufmerksamkeitsheischenden Titel „Das F-Wort". Nein, es geht nicht ums Ficken, das wäre in der Süddeutschen Zeitung sicher auch sterbenslangweilig. Es geht, ja richtig, um das Wort Frau. „Die wichtigste Streitfrage: ‚Woran erkennt man eine Frau?' wie im Untertitel vielversprechend angekündigt wird. Na, da sind wir jetzt aber gespannt wie ein Flitzebogen und hoffen inständig, hier als fast siebzigjähriger Hetero noch etwas dazulernen zu können. Entzündet hat sich das Diskussiönchen offenbar an einem Sager von J. K. Rowling (Erfinderin von Harry Potter und durchs Schreiben und durch Filme zu einer der wohlhabensten Frauen der Geschichte geworden.) Sie wagte offenbar, die Plattitüde auszusprechen, dass das Umbauen von Männern zu Frauen und umgekehrt mittels Operationen und Hormonbehandlungen eine Perversion und Quälerei sei und dass es völlig daneben und hochgradig zynisch sei, jungen Menschen einzureden, sie könnten sich ihr soziales und biologisches Geschlecht frei wählen; Rowling verglich die „hormonelle und operative Geschlechtstransition junger Menschen mit Brainwashing und Missbrauch"[130] Womit sie nach meinem Eindruck völlig richtig liegt. Dieser Sager von Frau Rowling wurde von der Butlerschen *Queerness*-Fraktion dankbar aufgegriffen

---

[129]HAAF, M. (2020), Das F-Wort, in: Süddeutsche Zeitung Nr. 158, 11./12. Juli 2020, S. 17
[130]Ebd.

und aufgeblasen. Frauen, die diese Ansicht vertreten, wurden sofort als „reaktionäre TERFs (trans-exkludierende Radikalfeministinnen)"[131] in ein kleines queerphilosophisches Schublädchen gesteckt. Meredith HAAF dreht das Schräubchen noch eine Umdrehung weiter und versucht, eine Linie von Simone de Beauvoir zu Judith Butler zu konstruieren und zwar mit folgendem Satz: „[Simone de Beauvoir sagt:] „Frau ist, wer dazu gemacht wurde. Nicht, wer sich als solche geboren fühlt." Nach Frau Haaf setzt Butler nun „de Beauvoirs Diktum fort, indem sie sagt: Geschlecht ist nicht nur das, wozu wir gemacht werden, sondern das, was wir machen"[132], und da wären wir mit Hilfe dieser Küchenphilosophie bei der in manchen queeren Hirnen imagininierten Idee, dass *gender* und *sex* Wahlhandlungen sind. Wenn schon nicht für alle, dann zumindest für Frauen. Ich sehe hier Herrn Mengele grinsend um die Ecke einer Baracke in Auschwitz winken. Aber das ist ja noch nicht alles, was diese offenbar zur Hausfeministin der Süddeutschen Zeitung avancierte Plappertante uns serviert. „Eine neue Generation von Feministinnen [damit meint sie offenbar sich selbst] treibt aber anderes um: Was es heißt, vom privilegierten Frausein ausgeschlossen zu sein, nicht anerkannt zu werden, kurz, in irgendeiner Form Opfer patriarchaler Zuschreibung und Gewalt zu sein."[133] Ein solcher Satz darf klarerweise nicht fehlen, wenn einem sonst nichts mehr einfällt. Weiter mit Frau Haaf in der Süddeutschen Zeitung: „Von Feministinnen wird als Akt der Solidarität [gegenüber Transpersonen, nehme ich an] erwartet, dass sie die Vielfalt der biologischen und kulturellen Identitäten auch sprachlich bezeugen. Sie sollen [statt Frau] je nach Kontext von „Menschen mit Uterus", „gebärenden Personen" oder eben Frauen sprechen, genitalen

---

[131]Ebd.
[132]Ebd.
[133]Ebd.

Gegebenheiten zum Trotz". Frau Haaf fragt brutal weiter: „Soll sich die Frauenministerin als Ministerin für Personen mit Uterus bezeichnen? Das würde Frauen ausschließen, die ohne Uterus geboren sind."[134] Man sieht, lässt frau sich einmal auf die *queere* Philosophie der Frau Butler ein, gibt es kaum mehr Grenzen zum Wahnsinn, oder etwas milder formuliert, gibt es keine Grenzen mehr bei der Steigerung der Absurdität. Nun gut, lassen wie das mal so stehen und wirken.

Die neueste Entwicklung in der zitierten Diskussion über Frau Rowling nimmt allerdings eine Richtung, die offenbar in Terrorismus abgleitet. Ich möchte das deshalb hier abschließend noch erwähnen. An dem Wirbel, den ein neues Buch von Frau Rowling, ein Krimi offenbar, in der *Queerness*-Fraktion ausgelöst hat, lässt sich das ohne Übertreibung festmachen. Der *queere Mob* ist zum Mord bereit, zumindest zum Rufmord, wenn ihm nicht nach dem Mund geredet wird. Ich zitiere zur Illustration aus der Frankfurter Allgemeinen vom 30.9. 2020:

> „Das macht den ungezügelten Hass und die üblen Verunglimpfungen, mit denen die Trans-Lobby J. K. Rowling nun vor allem in den sozialen Netzwerken überschüttet, umso bedenklicher. Sie basieren auf ideologischer Voreingenommenheit. Die Gegner der Autorin lassen sich von Inhalt und Sprache des Romans freilich nicht davon abhalten, sie [Frau Rowling] als transphob und rassistisch zu beschimpfen oder gar zu Verbrennungen ihrer Bücher aufzurufen. Tausende von Aktivisten haben die mit dem Neusprech-Akronym TERF (für „trans exclusionary radical feminist", also eine Feministin, die transgeschlechtliche Personen angeblich ausschließen will) gebrandmarkte Autorin unter dem Trend-Hashtag „#RIPJKRowling" für tot erklärt." [135]

Was ist das jetzt? ein neuer Nazi-Mob mit pinken Uniformen? Wurst, ich zucke mit den Schultern und wende mich angeekelt ab und gehe nicht weiter darauf ein. Frau Rowling wird auch nichts anderes tun, vermute ich. Sie braucht die Werbung dieser protofaschistischen *Hater* nicht, um ihre Bücher zu verkaufen. Mir hingegen kann nichts Besseres passieren, als von diesen Herr- und Damenschaften auf die Ver-

---

[134]Ebd.
[135] THOMAS, G. (2020), Gar nicht erst lesen, gleich angreifen, in: FAZ vom 30.9. 2020

botsliste gestellt zu werden, also auf geht's. Ich wollte mich bei der Beschreibung der *queerness* eigentlich sehr zurückhalten und weder Mikro- noch Makroaggression in meiner Schreibe zulassen, sondern möglichst sensibel analysieren und mehr oder minder schüchtern und zivilisiert meine Ansichten vortragen. Bei Meinungsterror hört sich allerdings mein Wohlwollen gänzlich auf. Deshalb abschließend: *Bugger off, Mofos!*

*16 12 2019 korr 16 08 2020, 12 10 2020*

# 07 Die Farce aller Farcen:

# eine Vernichtung

Vorausschicken möchte ich als juristischer Laie (MOJS - Mann ohne Jus-Studium), dass es meiner Auffassung nach unserer Rechtsordnung vollkommen fremd ist, Gauner aus der politischen Klasse, die eines Verbrechens, Vergehens oder auch nur eines Verstoßes gegen unsere Rechtsordnung verdächtigt werden, selbst oder gemeinsam mit Ihren Partei- oder Koalitionsfreunden in Sachen dieser Angelegenheiten „ermitteln" zu lassen. In einem "parlamentarischen Untersuchungsausschuss" lässt man die Verdächtigen gegen sich selbst eine Art Schauprozess führen. Ein solches mieses Kasperltheater, das uns hier seit Jahr und Tag in verschiedenen Variationen und zu verschiedenen Themen verkauft und vorgespielt wird, ist eines aufgeklärten politischen Systems völlig unwürdig, eine Verschwendung von Ressourcen und dient nicht der Wahrheitsfindung, sondern der Wahrheitsvernebelung. Solche Veranstaltungen gehören daher nach meiner Überzeugung ersatzlos abgeschafft. Die Gerichte sollen sich der Vertreter der politischen Klasse annehmen wie jeder anderen Person auch.

Zur Klärung des Begriffes Farce. Die Farce ist - neben anderen Autoren - eine Spezialität von Moliere und Nestroy.

„Eine Farce ist eine Komödie, die das Ziel hat, die Zuschauer durch die Darstellung von unwahrscheinlichen oder extravaganten, aber häufig denkbaren Situationen, Verkleidungen und Verwechslungen zu unterhalten. Sprachlicher Humor inklusive Wortspielen und sexueller [sic] Anspielungen sowie ein schnelles Tempo, das im Verlaufe des Stückes noch schneller wird, und bewusste Absurdität oder Unsinn sind ebenfalls häufig in einer Farce zu finden."[136]

Die Farce hat Eigenschaften ungefähr folgender Art:

„Der Fokus der Farce liegt häufig darauf, dass eine Grenze überschritten wird oder etwas vor den anderen Figuren verheimlicht werden soll und auf einer daraus resultierenden unvorhersehbaren Kettenreaktion. In einer Farce im Theater gibt es normalerweise nur einen Spielort. Dabei handelt es sich häufig um Gesellschaftsräume in Familienhäusern, die viele Türen zu angrenzenden   Räumen haben. Als Alternative kann es sich bei diesem Spielort auch um ein Hotel, ein Krankenhaus oder ein Büro handeln."[137] [Ergänzung: oder das österreichische Parlament]

Da es keine Zeit gibt, über die Geschehnisse zu raisonieren und die nächsten Schritte zu planen, kommt die Hauptfigur, die etwas zu verschweigen hat, in der fälschlichen Annahme, dass Handeln besser sei als enttarnt zu werden oder die Wahrheit zuzugeben, an einen Punkt ohne Rückkehr. Dadurch verwickelt sie sich   immer   stärker   in   Schwierigkeiten."[138]

Na wenn das nicht die derzeitige österreichische Wirklichkeit im Herbst des Jahres 2020 vollständig beschreibt, dann können Sie mich künftig *Fritz the Cat* nennen.

Eine besonders interessante Variante des „parlamentarischen Untersuchungsausschusses" wird uns derzeit mit dem „Casino-Ausschuss" oder Ibiza-Ausschuss geboten, in dem ein Verdächtiger (Herr Wolfgang Sobotka, Nationalratspräsident) als Vorsitzender gegen sich selbst eine Untersuchung führen darf. Das klingt so absurd, dass man vermuten müsste, es ist gelogen.

Selbst Herr Sobotka war nach ungefähr einem halben Jahr überrascht:

„Er sei "überrascht" gewesen, dass er als Vorsitzender nun auch Auskunftsperson im Untersuchungsausschuss ist, sagte Sobotka selbst in seinem kurzen Eingangsstatement - betreffe das Untersuchungsthema doch die Vollziehung des Bundes. Dennoch bezeichnete es der Natio-

---

[136]https://de.wikipedia.org/wiki/Farce_(Theater)

[137] https://de.wikipedia.org/wiki/Farce_(Theater)
[138] Ebd.

nalratspräsident als seine "Pflicht", den Abgeordneten seines Hauses Rede und Antwort zu stehen."[139]

Das österreichische Gratis-Intelligenzblatt „Heute" bringt die Sache in gewohnter Kürze und Brillianz auf den Punkt: (Donnerstag 2.7. 2020 S. 6).

„Sobotka entscheidet über Sobotka"

So lautet die Headline zum Thema „Casino-Untersuchungsausschuss", der an sich schon ein elendes Kasperltheater ist oder eine völlig unnötige Veranstaltung zur präzisierenden Verschleierung von jedem aufmerksamen Beobachter klaren Verhältnissen und Vorgängen. Heinz-Christian Strache[140], ja der, hat es bereits in seiner gewohnt schonungs- und rücksichtslosen Offenheit in der Ibiza-Finca auf den Punkt gebracht – nur glaubt man ihm inzwischen nicht einmal mehr, wenn er die Wahrheit sagt. „Novomatic zahlt alle", so sprach er, unser Heinz-Christian und dann wundert er sich, wenn er nach diesem Sager keinen Job mehr bekommt. Wer will schon mit so einem an Wortdurchfall leidenden Versager Geschäfte machen. Na ja, Pech gehabt, der Junge, Selbst als Zahntechniker ist er wohl inzwischen nicht mehr vermittelbar. Die Firmen in Mosonmagyarovar haben ihn sämtlich wegen fehlender Ungarisch-Kenntnisse abgelehnt. Und er weigert sich standhaft, die Sprachen des feindlichen wie auch des befreundeten Auslandes zu erlernen, mit der Jedermann und Jederfrau einleuchtenden Begründung, dass er danach nicht mehr ganz so überzeugend gegen Ausländer hetzen könnte.

---

[139]https://www.kleinezeitung.at/politik/innenpolitik/5864425/IbizaUAusschuss_Befragung-mit-VideoPause_Sobotka-wurde-fuenf [03 10 2020]
[140]Strache war Vizekanzler in der Bundesrrgierung Kurz I von 2017 bis 2019 Quelle: https://de.wikipedia.org/wiki/Bundesregierung_Kurz_I [30 09 2020]

Zurück zur Geheimwaffe der ÖVP in allen prekären Lagen dieser ehemaligen Staatspartei. Wolfgang Sobotka, Nationalratspräsident und Dirigent aus Waidhofen an der Thaya, hat Eigenschaften, die ihn eindeutig für den nächsten Oscar qualifizieren, er kann nämlich Untersucher und Untersuchter gleichzeitig darstellen ohne den geringsten mentalen Schmerz oder die geringste Irritation erkennen zu lassen. Solche Leute braucht King Kurz[141] wie den täglichen Bissen Brot oder das Nasivin.

Aber der Reihe nach: Der Ausschussvorsitzende Sobotka soll selbst vor dem Ausschuss aussagen, mithin, er darf sich selbst befragen und das auch noch unter Wahrheitspflicht, wobei dem befragten Sobotka von Seiten des befragenden Sobotka Erinnerungslücken durchaus nachgesehen werden können, er wird schon nicht allzu streng mit sich umgehen, der Herr Dirigent. Er entscheidet im Übrigen auch über seine eigene Befangenheit.

Moliere und Nestroy sind doch völlig phantasielose und verzweifelte Minderleister, die einen solchen Plot nie und nimmer hätten erfinden können; hätten sie versucht, so einen Schmarren auf die Bühne zu bringen, wären sie mit allerlei stinkenden Sachen wie toten Ratten, Kuhscheiße, faulen Eiern und verrotteten Tomaten samt ihren elenden Schauspielern und Komparsen beworfen und mit Schimpf und Schande davongejagt worden. Das kann natürlich unserem Sobo-Wolfi nicht passieren, denn die ÖVP zahlt alle Gratiszeitungen im Land. Die lassen es daher bei ein paar Sätzchen bewenden, ohne daraus irgendwelche Schlussfolgerungen oder gar Konsequenzen abzuleiten. Da sind wir dann sehr froh, dass der Casino-Untersuchungsausschuss am 16. 7. 2020 auf Sommerpause geht. Weiter geht

---

[141]gemeint ist Sebastian Kurz, der mal kurz Bundeskanzler in Österreich war.

die Farce aller Farcen dann am 9.9. 2020 mit großer „Brisanz", dem Lieblingsbegriff der Gratis-Schreiberlinge. Dann treten neben Rene Benko, dem Star der einheimischen Immobilienentwickler auch die Milliardäre Heidi Horten und Gaston Glock auf. Was die mit der Casino-Sache zu tun haben, darauf sind wir alle gespannt wie Flitze-bögen. Auch der Festplatten-Schredderer aus dem Bundeskanz-leramt wird einer hochnotpeinlichen Befragung unter der Leitung von Herrn Sobotka unterzogen werden. Ich kann nur begründet vermuten: die spanische Inquisition war eine Kinderjause gegen die fanatische Wahrheitsliebe, die unser Sobo-Wolfi an den Tag legen wird. Er muss sich ja dann nicht mehr selber befragen, da kann er ja durchaus etwas kräftiger zulangen. Wir sind gespannt und lassen uns die Logenplätze reservieren und nehmen die toten Ratten mit und auch die Kuhscheiße in größeren Portionen.

*08 07 2020, korr 23 08 2020, 31 08 2020, 12 10 2020*

# 08 Integration - ein fragwürdiges Konzept

## Skizze für eine Begriffs- und Konzeptkritik

Hannah Arendt hat mich auf die Idee gebracht, den Begriff Integration und die dahinter steckende Idee einmal etwas näher zu betrachten.

Integration ist gescheitert, Multikulti ist tot, Die Gäste, Zuwanderer, Asylsuchenden, Immigranten müssen sich bei uns integrieren, ihre Kultur ablegen, unsere annehmen. So oder ähnlich lauten die Schlagzeilen, die uns täglich um die Ohren fliegen und unsere Aufmerksamkeit beanpruchen.

Was ist denn nun eigentlich dran am Begriff und am Konzept der Integration? Hannah Arendt schreibt dazu in ihrem Werk „Elemente und Ursprünge totaler Herrschaft" im Jahre 1955, als es noch weniger Integrationsgesäusel und vor allem weniger Integrationsbeauftragte oder gar Integrationsminister gab. Sie sagt glasklar, ohne das zu begründen, quasi kraft Amt als Chefphilosophin: „Im Falle der Eroberung bleibt dem Nationalstaat nichts übrig, als fremde Bevölkerungen zu assimilieren und ihre ‚Zustimmung' zu erzwingen. Er [der Nationalstaat] kann sie nicht integrieren, und er kann ihnen nicht seinen eigenen Maßstab für Recht und Gesetz auferlegen. Daher besteht, wenn [...] [der Nationalstaat] Eroberungen macht, stets die Gefahr der Tyrannis"[142]. Kann man damit etwas anfangen heute? Mich hat es

---

[142]vgl. ARENDT,H. (1986) Elemente und Ursprünge totaler Herrschaft, Antisemitismus, Imperialismus, totale Herrschaft,München: Piper Verlag

beeindruckt, dass Arendt sagt: „Eroberte fremde Bevölkerungen können nicht integriert werden, außer mit Zwang." Nun, was fangen wir in unserer heutigen Integrationsdebatte damit an? Auf den ersten Blick eher wenig. Man kann nicht behaupten, die europäischen Nationalstaaten hätten die Zuwanderer und Flüchtlinge durch Eroberung deren Länder gezwungen, nach Europa zu kommen. Das nicht, aber ist vielleicht trotzdem was dran an Arendts Behauptung? Wer oder was zwingt denn die heutigen Migranten, ihre Länder zu verlassen? In erster Linie sind es Kriege, Bürgerkriege, Stellvertreterkriege um regionale oder globale Dominanz, Kriege um Ressourcen[143], in zweiter Linie sind es asymmetrische Handelsbeziehungen, genau genommen auch eine Art Krieg. Ganz oben allerdings auf der Ursachenliste steht in vielen Ländern die völlige Perspektivlosigkeit[144] für junge Männer und Frauen. „Krieg, Repression und wirtschaftliche Not" sind die drei Umstände, die Migration[145] triggern.[146] Die durch Umwelt- und ökologische Krisen ausgelöste Migration bekommt immer größere Bedeutung.[147] Die Menschen hungern zwar nicht zu Millionen in vielen

---

[143] vgl. RESCH, C. / WAGNER, T. (Hrsg.) (2019), Migration als soziale Praxis: Kämpfe um Autonomie und repressive Erfahrungen, Münster: Verlag Westfälisches Dampfboot
[144] zur Illustration dessen, was ich meine, ein paar Ziffern: „Die Jugendarbeitslosigkeit der MENA-Region ist [...] die höchste der Welt [ca. 15%] Unterdessen betrug die Erwerbsquote, also der Anteil der Erwerbstätigen an der Bevölkerung im Alter von 15 bis 64 Jahren im Jahr 2010 48% (weil die Frauenerwerbsquote mit 22% sehr niedrig war). Quelle: https://e-fundresearch.com/newscenter/112-axa-investment-managers/artikel/18827-vom-arabischen-fruehling-zur-arabischen-wiedergeburt [02 10 2020]
[145] Die Unterschiede zwischen Migranten und Flüchtlingen /Flüchtenden sind: „Flüchtlinge können nicht ohne schwerwiegende Gefahr für Leib und Leben in ihr Heimatland zurückkehren. MigrantInnen verlassen ihre Heimat, um ihre Lebensbedingungen zu verbessern oder aus familiären Gründen. In der Regel können sie in ihre Heimat zurückkehren. Ich gehe hier nicht weiter darauf ein, Definitionen finden sich auf rund 200 Seiten in dem diesbezüglichen UNCHR Handbook siehe https://www.unhcr.org/publications/legal/5ddfcdc47/handbook-procedures-criteria-determining-refugee-status-under-1951-convention.html [06 10 2020] vgl.https://www.unhcr.org/dach/wp-content/uploads/sites/27/2018/05/ CH_Karten_CH_Deutsch_WEB.pdf [26 09 2020]
[146] Ebd. S.19
[147] vgl. hierzu IONESCO, D. / MOKHNACHEVA, D. / GEMENNE, F. (o.D.), Atlas der Umweltmigration, München: OEKOMVerlag https://www.oekom-crowd.de/wp-content/uploads/2017/04/Leseprobe_Atlas_9783865818379.pdf [22 09 2020]

Staaten[148] der MENA-Region, aber die Möglichkeiten der Menschen, eine eigene Existenz zu gründen, von ihrer Arbeit zu leben, eine Wohnung zu mieten oder zu kaufen, eine Frau/einen Mann zu heiraten und Kinder zu kriegen, sind aufgrund jahrzehntelanger vollkommen verfehlter Wirtschaftspolitik, Korruption und Ausbeutung durch die herrschenden Klassen in der Region selbst und durch den „globalen Norden" stark eingeschränkt bzw. gänzlich unmöglich.

Diese Misere ist aber eine zentrale Motivation junger Menschen zur Auswanderung, besonders stark ausgeprägt ist dies in Gesellschaften mit vorherrschenden stark traditionsverhafteten Rollenbildern bezüglich Mann und Frau, wie sie in der MENA-Region[149] häufig anzutreffen sind bzw. die Regel sind. Ein Mann hat zwischen Anfang und Ende zwanzig zu heiraten und Kinder zu zeugen, möglichst Söhne. Das verschafft ihm Ansehen, gesellschaftliches *Standing*, Dadurch wird er erst zum vollständigen sozialen Wesen, zum vollwertigen und anerkannten Mitglied der Gesellschaft. Eine Frau hat möglichst keusch zu sein und auch so zu schauen, sich aber spätestens nach der ersten Menstruation damit abzufinden, dass sie verheiratet wird und Kinder zu gebären hat, bevorzugt Söhne. Wenn sie das nicht will, wird sie dazu gezwungen. Sie muss Kinder kriegen und dem Mann als Sexualobjekt zu Willen sein. Fucking and cooking and putzing,[150] alles inklusive. Kann oder will sie diesen Anforderungen nicht nachkommen, wird dies in vielen Gesellschaften/Ländern der MENA-Region stark

---

[148]Damit will ich nicht sagen, dass es keinen Hunger gibt, nach meinem Eindruck ist im Falle von Hungersnöten die internationale Hilfe jedoch sehr effizient und oft rechtzeitig vor Ort. Trotzdem: Der Hunger ist ein Migrationstreiber, die Zahl der Hungernden nimmt zu, nicht ab. vgl. BLAZEKOVIV VON, J. (2020), Der Hunger nimmt wieder zu, in: FAZ vom 24.8. 2020 https://www.faz.net/aktuell/wirtschaft/schneller-schlau/der-hunger-nimmt-wieder-zu-16888736.html [10 10 2020]

[149]Kürzel für Middle East North Africa

[150]der Ausdruck „putzing" stammt aus einem SIMPL-Kabarettprogramm.

sanktioniert, bis hin zum Tod. Ehrenmord[151] nennt sich dieser Brauch.[152] Wer jetzt vorschnell vermutet, eine solche Sitte sei ausschließlich in Kreisen analphabetischer ostanatolischer Ziegenhirten zu finden, dem sei gesagt: Ehrenmorde „können in allen sozialen Schichten auftreten. Der Begriff der „Ehre" oder „Familienehre" wird dabei in verschiedenen Kulturkreisen und Ländern unterschiedlich definiert und ist nicht gebunden an eine bestimmte Religion oder Kultur."[153] Zu einem ähnlichen Schluss kommt auch die zitierte Masterarbeit von Heidy ALI.[154]

Dazwischen ein paar Ziffern, damit wir wissen, von welchen Größenordnungen bezüglich Migration[155] die Rede ist: in Afrika sind derzeit rund 26 Mio Menschen auf Wanderung, das sind Migranten innerhalb des Kontinents auf der Suche nach einem neuen Lebensmittelpunkt. Im nahen Osten  - *Middle East* sind es noch einmal 18 Mio Menschen. Manche reden ob dieser Dimension schon von einer neuen „Völkerwanderung".[156] Zum Begriff Völkerwanderung ist anzumerken: es wanderten damals keine Völker, genau so wenig wie heute, sondern Individuen und Gruppen auf der Suche nach einem besseren Leben bzw. um zu überleben.

Wie oben skizziert, Gründe zum Auswandern oder Flüchten gibt es offenbar viele und sehr plausible. Kriege und der deplorable Zustand

---

[151]Ehrenmorde im hier erwähnten Sinne an Frauen gibt es nicht nur in muslimisch geprägten Kulturen, sondern bei Christen und Hindus genau so. Die verbindende Klammer zwischen allen diesen Untaten ist ein fundamentalistisches Patriarchentum.

[152]Ich beziehe mich auf die Ergebnisse einer Masterarbeit an der Studienrichtung Arabistik der Universität Wien: ALI, Heidy (2017), Ehrenmorde und Zwangsverheiratungen - eine interdisziplinäre Annäherung an Ursachen und Hintergründe - betreut von Univ.-Prof. Dr. Stephan Prochazka, unveröffentlichtes Manuskript, Masterstudium Arabistik an der Universität Wien

[153]BUNDESAMT FÜR FAMILIE UND ZIVILGESELLSCHAFTLICHE AUFGABEN https://www.hilfetelefon.de/gewalt-gegen-frauen/gewalt-im-namen-der-ehre.html [29 08 2020]

[154]vgl. ALI, Heidy (2017), a.a.O.

[155]ich unterscheide nicht zwischen Migranten und Flüchtenden im Sinne der UNHCR, weil das sehr schwierig ist und hier nichts zur Sache tut.

[156] Daten aus DER SPIEGEL Nr. 52 21.12. 2019, S. 85. Quelle: UNHCR

der Ökonomien in vielen Länden Afrikas, der MENA-Region insbesondere – in auffallend vielen muslimisch-theokratischen Staatsgebilden übrigens - aber auch schlichter Hunger (in Subsahara Afrika besonders) ist oft der *trigger* für Migration. Man macht zehn Kinder, weils so Brauch ist und weil man durch den zahlreichen Nachwuchs[157] eine gesicherte Altersversorgung anstrebt[158] - und dann kommt man drauf, die Kinder essen ja, und nicht zu knapp. Dies ist vielerorts der Fall in Subsahara-Afrika. Die Cassava Wurzeln, die Zucchini, die Tomaten und die Bohnen, die auf den kleinen Feldern und in den Gärten wachsen, machen die großen Familien nicht satt. Reis ist teuer und über Geld verfügen die Menschen nicht, weil sie nicht für „den Markt" produzieren, sondern für die Subsistenz. Da wird's nun eng. Ganze Familien leiden darunter, drohen auszusterben, wenn ihnen nichts einfällt. Da kommt es zupass, dass in der Dorfschenke ein Fernsehgerät steht. Dort laufen den ganzen Tag Propagandafilme zur Illustration der Lebensweise des „globalen Nordens." Soap Operas, „Reich und Schön", „Traumschiff", „Denver Clan" und ähnlicher Mist, alles frei erfunden und gefaked. die Menschen, des Schreibens und Lesens oft unkundig, und damit nicht in der Lage, sich über den Tatsachengehalt dieser Propaganda schlau zu machen, glauben, dass in Europa jede Familie ein großes neues Haus hat und zwei Autos; die Kinder in gute, kostenlose saubere Schulen gehen und überhaupt das Paradies ausgebrochen ist; dass die Arbeit leicht und gut bezahlt ist und überhaupt alles viel besser ist als bei ihnen zu Hause. Also wird

---

[157]Frauen in Niger bekommen im Durchschnitt 7,6 Kinder, in Somalia und in der Republik Kongo mehr als sechs, in Uganda knapp sechs, in Nigeria 5,6. Allein Nigeria könnte so bis 2050 auf 440 Millionen Menschen, bis 2100 gar auf kaum vorstellbare 900 Millionen Menschen wachsen, heißt es in der UN-Bevölkerungsprognose. Unter den arabischen Ländern haben der Jemen, der Irak und die Palästinenser-Gebiete die höchsten Fertilitätsraten. Bei knapp über vier liegt dort die Kinderzahl je Frau.
https://www.faz.net/aktuell/wirtschaft/menschen-wirtschaft/bevoelkerungsentwicklung-die-grosse-migrationswelle-kommt-noch-14376333.html [01 10 2020]
[158]ein Pensionssystem im europäischen Sinne existiert in vielen Ländern (nicht nur in Afrika) nicht.

jemand, meist ein Mann, ausgewählt, Geld gesammelt für die Reise und er macht sich auf den Weg ins gelobte Land Europa. Scheitern geht nicht, die Familie hat ihre letzten Mittel eingesetzt, damit er Erfolg hat.

Und dann steht dieser Mann, wenn er die Überfahrt übers Meer überlebt hat, im Winter, den er nicht kennt, in Kroatien oder sonstwo auf der „Balkanroute" an einem Nato-Zaun und ein Polizist, Zöllner oder Soldat will ihn daran hindern, weiter zu reisen. Klar, das kann er nicht akzeptieren, lieber den Tod in Kauf nehmen, als die Nachricht nach Hause zu schicken: Mutter, Vater, Schwester, Bruder, Onkel, Tanten, euer Geld ist rausgeschmissen, ich bin ein Versager, ein Nichtswürdiger, ein Ehrloser; ich habe es nicht geschafft, nach Österreich, Deutschland, Schweden zu gelangen, dort Arbeit zu finden und euch jeden Monat Geld zu überweisen, damit es euch besser geht und die Geschwister in die Schule gehen können und regelmäßig was zu essen bekommen.

Angesichts der Propaganda für den Kapitalismus des „globalen Nordens" in den Medien sagt sich geschätzt jeder Dritte in vielen Ländern der MENA-Region, aber auch anderswo, dort ins gelobte Land, da will ich hin. Hier ein paar Zahlen zu diesem Phänomen, ich erwähne sie trotz ihrer Unsicherheit und Propagandafunktion. Eine im Allgemeinen seriöse Quelle, die FAZ, meldet die hohe Auswanderungsneigung in Afrika:

> „Vor allem aus wirtschaftlichen Gründen denkt in den meisten afrikanischen Ländern ein erheblicher Teil der Bevölkerung ans Auswandern. Laut einer Befragung von Afrobarometer erwägen durchschnittlich fast vier von zehn Einwohnern (37 Prozent) eine Emigration. 18 Prozent gaben an, sie hätten „sehr viel" darüber nachgedacht. Das panafrikanische Forschungsnetzwerk

Afrobarometer hat dazu in den vergangenen zwei Jahren fast 46.000 Afrikaner in 34 Ländern befragt."[159]

Ziel der meisten Auswanderungswilligen und Migranten ist Europa, nicht etwa USA[160] oder China.

Millionen Menschen sind in Afrika bereits auf Wanderschaft. Davon sind lediglich rund 2 Millionen bisher nach Europa gelangt. Das Tragische ist, dass den Großteil jener, die dann am Grenzzaun stehen, niemand will und auch niemand braucht, aber das wird ihnen nicht gesagt - oder sie können es nicht verstehen. Nun kommt ein Gauner daher und sagt: „Leg mal 5000 Dollar hin und ich bring Dich ins europäische Paradies. Ich habe Arbeit für Dich, Auto, Haus ist nicht mehr weit, Du verdienst viel Geld und kannst etwas nach Hause schicken, damit deine Familie dort nicht hungern muss." So geschiehts, der*die Geprellte steigt dann in einen klapprigen Bus mit zwanzig anderen und fährt ab in Richtung Deutschland, Österreich oder Schweden.

Doch es kommt anders, als er dachte, das Auto hat keine Lüftung, keine Heizung, der Sprit ist alle, die Menschen hungern, dürsten, scheißen alles voll, werden krank und leiden fürchterlich, gehen knapp am Tod vorbei oder sterben einen elenden Tod in diesen Bussen. Mit Glück werden sie von einem aufmerksamen Zöllner oder Polizisten rausgezogen oder gefangen und in relative Sicherheit gebracht. Kommen sie dann in Mittel- oder Nordeuropa an, erwartet sie statt Arbeit und das Paradies ein Lager oder ein Flüchtlingsheim, bewacht von Polizei und Militär. Willkommen sind sie nicht allzu sehr oder schnell überhaupt nicht mehr. Sie merken das rasch und entwickeln einen

---

[159] https://www.faz.net/aktuell/wirtschaft/fast-40-prozent-der-afrikaner-denken-ans-auswandern-16113117.html [26 09 2020]

[160] eine Minderheit, rund 20 % hat nach wie vor die USA als Ziel, der nearly failed State hat fast alles an Attraktivität als Zielland von Migration eingebüßt - zumindest für Menschen aus der MENA-Region und aus Subsahara Afrika.

Hass auf diejenigen, die sie skrupellos reingelegt haben. Hassobjekt wird jedoch nicht der Schlepper sein. Die Kuffar sind es, die sie mit abgefeimter Propaganda angelockt und dann angeschmiert haben. Die Kuffar[161] sind es, die als Ziel des Hasses dienen.

Wenn einer es dann wirklich schafft, zum Beispiel nach Deutschland zu kommen, eine Drecksarbeit für 7 Euro die Stunde mit Mühe zu finden, dann wird von ihm dann das Allerschlimmste vom Allerschlimmsten verlangt: Integration nennen die Kuffaren das, womit sie seine Seele verletzen, seinen Stolz brechen, seine Männlichkeit vernichten wollen. Er, der erzogen wurde im Glauben, zukünftig ein Patriarch, ein Herrscher zu sein und zu werden, in Famile, Clan und Dorf[162], ist plötzlich nur noch ein Sklave. Selbst Frauen, diese minderen Wesen, geben ihm hier Befehle. In Schule, Job, in der Verwaltung, im Krankenhaus, beim Arzt und bei der Polizei, haben bei den Kuffaren, welch ein Graus, die Frauen das Sagen und tun dies mit Vehemenz. Integration, das heißt nun für ihn, alles, was er bisher für Recht und richtig gehalten hat, über Bord zu schmeißen und sich zu unterwerfen den Ungläubigen und den Frauen. Wer auf die Idee kommt, dass das funktionieren könne, weiß nichts von Psychologie, und nichts von der Männlichkeitskultur und dem Männlichkeitskult der Männer aus patriarchalisch geprägten sozialen Systemen, die nicht allzu sehr angenagt

---

[161]Der arabisch-islamische Begriff **Kāfir** (arabisch كافر *kāfir*, Plural كفّار *kuffār*; weibliche Form كافرة *kāfira*) bezeichnet Ungläubige oder „Gottesleugner". Kāfir leitet sich aus der Wortwurzel *k-f-r* ab. Diese Wortwurzel kommt im Koran ca. 500 Mal vor und dient dort der Bezeichnung der Gegner Mohammeds als *kuffār* („Ungläubige") oder als *alladhīna kafarū* („die ungläubig sind"). [ https://de.wikipedia.org/wiki/K%C4%81fir [26 08 2020]

[162]vgl. hierzu die Äußerungen von Ahmet Toprak, Professor für Erziehungswissenschaft an der FH Dortmund. Er bezeichnet die muslimischen Eltern als Macho-Macher und sieht die Erziehung, die nicht mehr in die Welt der „Aufnahmegesellschaft" passt, als zentrales Problem bei der Integration von Männern und männlichen Jugendlichen. Quelle: https://www.spiegel.de/panorama/gesellschaft/erziehung-in-muslimischen-familien-mama-halt-endlich-die-klappe-a-1292145.html [13 09 2020]

sind von feministischen Sekkaturen. Es ist nicht richtig, ich schiebe es hier ein, Scheitern eindimensional an der Religion festzumachen. Diesen Fehler sollte man nicht begehen, es geht um die grundsätzliche Einstellung zur Rolle als Mann und Frau. Der Mann ist der Patriarch, dem alle, insbesondere die Frauen, zu gehorchen haben, selbstverständlich auch die jüngeren Männer. Das ist meiner Ansicht nach der Grund, warum so viele Zuwanderer der zweiten und dritten Generation häufig völlig ausrasten und auf die schiefe Bahn geraten. Ihre Väter können die Rolle des Vorbilds und des Familienherrschers in der Emigration nicht mehr spielen, sind selbst innerlich zerbrochen an diesem Anspruch und ihrer realen gesellschaftlichen Situation, in der sie sich oft - nicht immer - am unteren Ende der sozialen Hierarchie wiederfinden, schlecht ausgebildet, miese Sprachkenntnisse, mieser Job, schlecht bezahlt, rechtlos (kein Wahlrecht zum Beispiel) und ähnliches Ungemach. Für die Söhne dieser Väter, die von ihrem Leben völlig andere Vorstellungen haben, wird es dadurch schwer bis tatsächlich unmöglich, den Vater als *Guideline* und Vorbild zu sehen und zu akzeptieren. Der Vater wird im Gegenteil eine lächerliche und unglaubwürdige Figur und damit zerbricht das patriarchalische Weltbild, das auch in den Herkunftsländern schon weitgehend obsolet ist und vor allem von den oft höher gebildeten Frauen resolut in Frage gestellt wird, in den Aufnahmeländern endgültig und die Familien stehen ohne irgendwelche brauchbaren sozialen Leitlinien da, die Alten wie die Jungen. Dann kommen die Integrationssäusler und -innen daher und verlangen die totale Unterwerfung unter das Wertesystem des Gastlandes und glauben, damit den „Schlüssel" oder „die Lösung" in der Hand zu haben. Das funktioniert so nicht in einer großen, wenn nicht in der Mehrzahl der Fälle, dazu brauchen wir keine jahrelangen Querschnittsbeobachtungen und Studien von Dutzenden akademischen Hilfskräften und salbadernden Professoren. Um das zu erkennen, genügen ein paar einfache Überlegungen und ein wenig Kenntnis des kulturellen *mindsets* vieler, wenn auch nicht aller unserer neuen *would-be* Mitbürger. Ein paar Kurse in der Volkshochschule mögen für die Verbesserung der Sprachkenntnisse von Nutzen sein, eine Herausbildung eines Wertesystems, das sich vom patriarchalischen des Herkunftslandes unterscheidet und mit den Gegebenheiten des europäischen Gastlandes vereinbar ist, entwickelt sich eher über mehrere Generationen hinweg und keinesfalls in 5 oder weniger Jahren.

Und was ist dann mit Alma Zadic und Melisa Erkurt? die erste ist Justizministerin in Österreich, die zweite Journalistin, Deutschlehrerin und Autorin, ebenfalls in Österreich. Beide stammen aus Bosnien-Herzegowina aus muslimischen Familien und sind im Bosnien-Krieg Anfang der neunziger Jahre des 20. Jahrhunderts als Kinder mit ihren Familien nach Österreich geflüchtet bzw. ausgewandert. Zertrümmern die erstaunlichen Karrieren dieser beiden Frauen nicht meine hier aufgestellten wackligen Thesen von der Nicht-Kompatibilität der beiden *mindsets*? Zadic und Erkurt sind nicht nur deshalb gute Beispiele, weil beide Frauen aus einem Herkunftsland mit moderatem Islam stammen, sonden auch deshalb, weil sie aus unterschiedlichen Klassen stammen: Zadic ist ein Kind der Oberschicht in Sarajewo (Vater Universitätsprofessor, sie absolvierte Jurastudien in Österreich, USA und Frankreich), Erkurt ist ein Kind der Mittelschicht aus Sarajewo, Mutter Angestellte in einer Apotheke, der Vater ist Reifenmonteur. Das zeigt, es ist nicht ausschließlich abhängig von der Sozialisation im Herkunftsland, ob sich jemand im Aufnahmeland mit den Anforderungen schwertut oder nicht. Erkurt beschreibt in ihrem sehr erhellenden Werk

„Generation haram"[163] sehr gut, wie sich Kinder aus bildungsfernen oder bildungsskeptischen Schichten, denen zum Beispiel niemand beim Spracherwerb oder bei den Schulaufgaben helfen kann, etwa weil beide Eltern wenig Schulbildung haben und die Sprache ebenfalls nicht können, in unserem Bildungssystem schwertun. Ich möchte jetzt nicht weiter auf dieses Problem eingehen und hier den selbsternannten Bildungsexperten und den Experten für eh alles spielen. Von dieser Sorte gibt es schon genug[164].

Alles falsch also, was ich hier skizziert habe mit der Inkompatibilität des patriarchalischen und des modernen kapitalistischen *mindsets*? Nein, nicht alles, es stimmt halt nur teilweise, wie alles, was aus Menschenhirn herauskommt. Es ist auch nicht als die alles erklärende Meta-Theorie oder Meta-Hypothese gedacht, sondern ich möchte lediglich einen Aspekt aufzeigen, der den meisten Integrationstheoretikern nach meinem Eindruck völlig fremd ist. Es sind zwei, drei Informationen zum divergierenden *mindset* bei Männern, die aus traditionalistischen patriarchalisch geprägten sozialen Umgebungen stammen, und für die das hiesige Integrationskonzept nicht funktioniert.

Frauen sind offenbar wirklich anders. Sie greifen oft begierig und zielstrebig die Bildungsangebote auf, die ihnen in ihren Herkunftsländern oft teilweise oder ganz versperrt sind. Melisa Erkurt sagt zu diesem Thema:

> „Doch diese männlichen Jugendlichen, vor denen sich viele fürchten, haben in Wirklichkeit keine Ahnung von dem, was sie sagen. [...] ich habe das Gefühl, dass sie in Wirklichkeit die Mädchen beneiden, die die besseren Noten haben, die blühenderen Zukunftsaussichten, die keinen auf „harten

---

[163]ERKURT, M. (2020), Generation Haram - Warum Schule lernen muss, allen eine Stimme zu geben, Wien: Zsolnay Verlag
[164] Ich denke hier an den deutschen „Philosophen", der sich im Jahres- oder Halbjahrestakt zu einem anderen Thema als Oberdurchblicker in Buchform äußert - Richard David Precht ist der Name. Kenner wissen, er ist auch ein Experte fürs Bildungswesen und das meine ich hier.

Kerl" machen müssen. Die Mädchen, die sich so gut integrieren konnten und an ihnen, den Burschen, vorbeiziehen."[165]

„Der Islam steht für sie [diese Jungmänner] für die Macht über die Ängste der anderen, und sie wollen mächtig sein in einer Gesellschaft, in der sie sowieso schon als Verlierer gelten, die sie abgeschrieben hat, die ihnen nichts mehr zutraut."[166]

Besser als Melisa Erkurt kann man es nicht sagen, finde ich, und sie hat dazu den Vorteil, aus dem Kulturkreis zu kommen, aus dem die Herren, die sie beschreibt, auch kommen. Ich könnte jetzt zehn Episoden erzählen, die illustrieren, wie sich das im urbanen Alltag in Wien auswirkt und manifestiert. ich lasse es allerdings lieber bleiben und verweise auf meinen Status als alter weißer Mann ohne muslimischen Hintergrund und überhaupt ohne religiöses Bekenntnis. Als solchem Wesen, denke ich, steht es mir nicht zu, mich zu den von Frau Erkurt geschilderten Umständen im Detail und illustrierend zu äußern. Es ist auch nicht notwendig, jeder und jede möge sich genau im urbanen Umfeld in den europäischen Groß- und Mittelstädten umsehen, er oder sie wird schnell draufkommen, dass Frau Erkurt richtig beschreibt, allerdings leider auf einem Auge blind ist. Die ständigen provokativen Regelübertretungen, die der Selbstvergewisserung dienen, sind nicht nur an männlichen muslimischen Jugendlichen festzumachen, sondern sind in ständig steigendem Ausmaß auch bei weiblichen Musliminnen zu beobachten.[167] Hier sind nicht nur Vermutungen bezüglich des religiös-kulturellen Hintergrundes der jeweiligen Personen möglich, sondern die demonstrativ getragenen Schleier und Kopftücher lassen hierüber keine Zweifel aufkommen. Als ob das jemand

---

[165]ERKURT, M. (2020), Generation Haram - Warum Schule lernen muss, allen eine Stimme zu geben, Wien: Zsolnay Verlag, S. 80
[166]Ebd. S.81
[167]Besonders auffallend für mich sind oft in Gruppen auftretende muslimische Frauen und Mädchen, die sich in demonstrativ-provokanter Manier als MaskenvereigerInnen aufführen - und, wenn man sie als alter weißer Mann darauf anspricht, mit wüsten Beschimpfungen wie „Fick dich" und Ähnlichem reagieren. Oft ist dann ein männlicher Begleiter schnell zur Stelle, der diese Beschimpfungen mit der Androhung körperlicher Gewalt unterstreicht.

interessieren würde, welches Religionsbekenntnis diese Mädchen und Frauen haben. Die Juden wurden gezwungen, einen Judenstern zu tragen, die Muslime hängen einer Art freiwilliger Selbstdiskriminierung an, die im urbanen öffentlichen Raum nach meiner Meinung völlig fehl am Platze ist. Religion ist in einer aufgeklärten Gesellschaft durchaus Privatsache und interessiert im Grunde sehr wenig, zumindest so lange man nicht als militante Salafistin Mitbürger zu Fleischfetzen sprengen will, was ja auch vorkommen soll.

Schluss jetzt damit. Das zitierte Buch von Frau Erkurt ist über weite Strecken ein Erkenntnisgewinn, das wollte ich rüberbringen. Ich empfehle es allen dringend, die etwas Authentisches über die Befindlichkeiten und Schwierigkeiten vieler Zuwanderer in Österreich, aber wahrscheinlich generell in Mitteleuropa erfahren wollen.

Hier ist nun ein kleiner Exkurs notwendig:

Erstens: Ich betreibe hier kein *„Othering"*, also eine Diskriminierung oder sonstige politisch unkorrekte Zuschreibung zum Zwecke der Unterdrückung, Aussonderung, Absonderung oder Schlimmerem. Ich finde es lediglich extrem naiv, wenn die Sozialpädagogik mir weismachen will, Menschen, die aus Ländern kommen, in denen sie mit der Ideologie sozialisiert wurden, die das folgende Zitat beschreibt, hätten keine Schwierigkeiten mit ihrem *mindset* in europäischen liberalen Demokratien des 21. Jahrhunderts:

> „Patriarchat soll Strukturen benennen, in denen eine Superiorität von Männern über Frauen besteht, behauptet, gefordert oder hergestellt wird, deren Legitimation ausschließlich aus der Geschlechtszugehörigkeit abgeleitet wird."[168]

---

[168]LÖFFLER, M. (2011) Feministische Staatstheorien: Eine Einführung. Frankfurt am Main: Campus Verlag, S. 147, zitiert in: ALI, Heidy (2017) Ehrenmorde und Zwangsverheiratungen - eine interdisziplinäre Annäherung an Ursachen und Hintergründe Masterarbeit Masterstudium

Die Sozialisation in einer solchen Welt hinterlässt Spuren im *mindset* von Männern und Frauen und ich halte es für irreführend und unangebracht, davon auszugehen, dass Menschen, die mit einem solchen Sozialisationshintergrund nach Österreich, Deutschland etc. kommen, keine Schwierigkeiten hätten, dieses Wertesystem mit den in Europa herrschenden Einstellungen bezüglich der Rollen von Männern und Frauen in Übereinstimmung zu bringen. Das ist, finde ich, leicht nachvollziehbar, man muss es nur mal aussprechen und erläutern.

Noch eine Anmerkung zur Sozialpädagogik. Ohne Sozialpädagogen und Sozialarbeiter wäre vieles vielleicht noch unerträglicher und viele von ihnen leisten wichtige Arbeit auf unseren Straßen und in unseren Parks, in Schulen und anderen Einrichtungen der sozialen Infrastruktur, aber auch in Gefängnissen zum Beispiel. Die Sozialpädagogik leistet zur Frage der Migration unbestritten auch auf theoretischer Ebene durchaus Erhellendes, wie folgendes Zitat illustriert:

> „Über Migration soll nicht reden, wer von Rassismus schweigen möchte. Üblicherweise fokussieren wir auf Alltagsrassismen und die damit verbundene Diskriminierung. Besonders leicht fällt es den meisten, den „braunen Pöbel" als „Gesinnungstäter" anzuklagen. Das erspart es [...], die Konflikte, die sich in rassistischen Übergriffen zeigen, thematisieren zu müssen. Für den strukturellen politischen Rassismus ist es hilfreich, sich die Stichworte zu vergegenwärtigen, die bezogen auf die "Flüchtlingskrise" in den Gazetten kursiert sind."[169]

> „Schon dass sich Politik und Medien, welcher Couleur auch immer, 2015 auf „Flüchtlingskrise" statt etwa „Krise der Flüchtlingspolitik" verständigt haben, fällt auf."[170]

Ich betreibe also hier durchaus kein *Othering*, sondern ich versuche, aufbauend auf der großartigen Masterarbeit von Heidy Ali[171] die

---

Arabistik der Universität Wien, betreut von Prochazka, Stephan, unveröffentlichtes Manuskript S. 28
[169] RESCH, C. / WAGNER, T. (Hrsg.) (2019), Migration als soziale Praxis - Kämpfe um Autonomie und repressive Erfahrungen, Münster: Verlag Westfälisches Dampfboot S. 9
[170] Ebd. S.10
[171] vgl. ALI, Heidy (2017), a.a.O.

skizzierten Unterschiede in den *mindsets* zu verstehen und mich an die Tatsache anzunähern, dass viele - durchaus nicht alle - Zuwanderer mit Herkunft aus patriarchalischen Gesellschaftsstrukturen mit großen Schwierigkeiten kämpfen und Integration als Anpassung an die völlig anderen europäischen Einstellungen - verstanden als „Integrationspolitik" nicht „die Lösung" ist, wie die Sozialpädagogik und verwandte Disziplinen uns glauben zu machen versuchen, weil es ihr Geschäftsmodell ist und Tausende Sozialpädagogen, Sozialarbeiter und in ähnlichen Berufen Tätige sonst arbeitslos würden.

Zweitens: Wer jetzt bei mir eine große Skepsis gegenüber religiös grundierten Ideologien und Religionen allgemein vermutet, liegt nicht völlig falsch. Diese Skepsis hege ich nicht nur gegenüber dem Islam, der sich ständig mit seinen fundamentalistischen Anhängern und Repräsentanten in unsere Wahrnehmung bombt und mordet, sondern gegenüber allen Religionen. Zufällig las ich heute über den Prozess gegen die Unterstützer der Mörder von elf Mitarbeitern der Redaktion des französischen Satiremagazins *„Charlie Hebdo"*, die im Januar 2015 in die Redaktionsräume dieses Magazins eindrangen und ein Dutzend Redakteure ermordeten. Die beiden Brüder Cherif und Said Kouachi, die diese Morde ausführten, wurden zwei Tage später von Spezialeinheiten der französischen Polizei erschossen.[172] Meine Skepsis gegenüber einer Religion, die offensichtlich solche Taten zu *triggern* in der Lage ist, möchte ich hier nicht weiter begründen und die Vorkommnisse auch nicht mit sozialpädagogischen oder kulturwissenschaftlichen Wortgirlanden erklären oder beschönigen. Man muss den französischen Polizisten im Nachhinein gratulieren, die uns das

---

[172] vgl. LADURNER, U. (2020), Das Recht auf Gotteslästerung - Warum „Charlie Hebdo" wieder Mohamed-Karikaturen gedruckt hat, in: DIE ZEIT Nr. 38, 10.9. 2020, S. 52

wochenlange öffentliche Gejammer dieser Mörder über die Ungerechtigkeit und den Rassismus der französischen Gesellschaft, die ihnen nie eine Chance gab, mit diesen Schüssen erspart hat. Hier mag man sich zu recht fragen, warum ich ausgerechnet diese unerfreuliche Episode ausbreite und nicht eine Erfolgsstory eines islamistischen Jungen, der es zum Physikprofessor in Harvard gebracht hat, freudig referiere. Das ist eine gute Frage und ich weiß darauf auch keine plausible Antwort; außer dass mir eine solche Erfolgsgeschichte nicht bekannt ist. das heißt ausdrücklich nicht, dass sie nicht existiert. Im übrigen denke ich, dass gegen Verbrecher wie die beiden genannten kein sozialpädagogisches Konzept mit Wertekursen hilft, sondern die klare Ansage: Wer uns auf diese feige Art und Weise den Krieg erklärt, meinetwegen den „heiligen Krieg", dem erklären wir ebenfalls den Krieg, auch den unheiligen und wir sind dann auch nicht heikel, sondern sagen: ein Zivilprozess ist im Krieg nicht vorgesehen, wir erschießen solche Mörder zukünftig ganz ohne Prozess, so wie es die französischen Polizisten richtigerweise gemacht haben - mit oder ohne Befehl von oben, in Notwehr oder im Kampf. Wer uns den Krieg erklärt, den stellen wir unter Kriegsrecht und den erschießen wir zukünftig ohne viel Wortgeklingel. So einfach ist das natürlich nicht und mit solchen Äußerungen sollte ich aufpassen, damit ich mich nicht auf die gleiche Stufe mit Jair Bolsonaro stelle, der mit ähnlichen Sprüchen Präsident von Brasilien wurde. Um das klarzustellen: Finales aus dem Verkehr Ziehen von des Mordes überführten Personen ohne zivilen Prozess sollte keineswegs die Regel sein und eine Wiedereinführung der Todesstrafe in der europäischen Union befürworte ich nicht. Milde Strafen und „Kulturrabatte" für solche und ähnliche Taten halte ich jedoch für völlig unangebracht und weiches Agieren des Rechtsstaates gegenüber solchen „Religionskriegern" führt sehr schnell zu Zuständen, wie sie kürzlich vom schwedischen Vize-Polizei-präsidenten Mats Löfving beschrieben wurden, der von einer Systemkrise des schwedischen Rechtsstaates spricht.[173] Ganz klar und ohne Einschränkung sei gesagt: ein Prozess vor einem ordentlichem Gericht muss jedem und jeder zustehen, das unterscheidet die europäischen Rechtssysteme von jenen Ländern, in denen das „Kopf abhacken", „Hand abhacken", „Schwanz abhacken" als ultima ratio der Juristerei betrachtet wird. Solches staatliches Wüten muss unmissverständlich abgelehnt werden. Gleichzeitig sollen Polizisten und Soldaten, die gegenüber solcherlei Mördern in Notwehr die finalen Schüsse abgeben nicht diskriminiert und an den Pranger gestellt werden. Nun beende ich meine diesbezüglichen Überlegungen und überlasse rechtsphilosophisches Raisonnieren Herrn Schirach, der das besser kann.

Um ein weiteres, weniger blutiges Beispiel anzuführen: in der letzten Zeit terrorrisieren in Österreich Banden von islamistischen Jung-männern Frauen wegen zu offensichtlicher und demonstrativer „westlicher Lebensweise." Ich denke, wem unsere Lebensweise zu westlich und damit „haram" ist, möge bitte in Länder auswandern, die eine ihm gemäße Lebensweise, eine östliche meinetwegen, praktizieren. So einfach ist das. Fahrkarte *one way*[174] und auf Nimmerwiedersehen. Sollten die Länder mit einer passenden Lebensweise zufällig Krieg führen oder völlig zerstört sein, wie es in Tschetschenien der Fall ist, von wo dem Vernehmen nach die erwähnten Sittenwächter-Banden

---

[173]vgl. https://www.fr.de/panorama/schweden-gewalt-polizei-verbrechen-rechtsextremismus-90051482.html [30 09 2020]
[174]sollte diese Ansicht zufällig mit Äußerungen des Wiener FP-Kandidaten Dominik Nepp übereinstimmen, heißt das nicht, dass ich zum FP-Wähler mutiert bin. Allerdings: Nur weil einer dieser Partei angehört, ist nicht automatisch alles falsch, was er sagt.

mehrheitlich herkommen[175], sollen sie eine Schaufel und einen Krampen in die Hand nehmen und ihren Staat wieder so herrichten, dass sie dort als Sittenwächter-Bande ein Auskommen haben und ein paar Fans gewinnen können, die ihnen Arbeit und Essen geben. *Bugger off, Mofos!*

Abschließend ist festzustellen, Migration ist nicht etwas, das 2015 mit der „Flüchtlingskrise" begonnen hat und irgendwann durch mehr oder minder kluge oder zynische „Flüchtlings- oder Migrationspolitik" ein Ende finden wird, sondern Migration ist ein konstituierendes Element der Menschheit, das nicht durch die „Schließung der Balkanroute", den Bau von Zäunen und Mauern und ähnlichem undurchdachten Unsinn und Herumgehampel zu beenden ist. Wer das glaubt, ist an der Spitze eines Staates oder in sonst einer verantwortungsvollen politischen Position völlig fehl am Platze. Die Konsequenz, die aus der Tatsache zu ziehen ist, dass Millionen Menschen ständig auf Wanderschaft sind und dorthin gehen, wo sie sich ein besseres Leben erhoffen, ist es, diese Migration zu akzeptieren und mit den Migranten entsprechende Migrationsmanagement-Systeme zu entwickeln, mit ihnen, nicht gegen sie. "Jeder hat ein Recht auf Heimat und Sicherheit. In Zeiten des globalen Nomadentums und der notwendigen Suche nach einer neuen Heimat für viele heißt die entscheidende Frage daher: Wie kann man diesen Prozess friedlich und für alle menschengerecht organisieren?"[176] Das halte ich für rational, die Mehrzahl der Migranten sind keine Trottel und Verbrecher, die wir uns um jeden Preis vom Halse halten müssen. Europa muss lernen, mit den potenziellen Neubürgern zu arbeiten und zu leben. Das ist eine

---

[175] ttps://www.vienna.at/polizei-hob-sittenwaechter-bande-in-wien-und-linz-aus/6705377 [21 09 2020]
[176]GUEROT U. / MENASSE R. (2016) Lust auf eine gemeinsame Welt -Ein futuristischer Entwurf für europäische Grenzenlosigkeit in: Le monde diplomatique vom 11. 02. 2016

Tatsache und es sollte darüber nachgedacht werden, wie das zu bewerkstelligen ist. Migration kann nicht dadurch beendet werden, dass man irgendwelche „Migrationsrouten" schließt. Diesbezügliche Versuche sind rausgeschmissenes Geld und vergeudete Zeit.[177]

*29 12 2019 ergänzt 06 08 2020, 12 10 2020*

---

[177] ich verweise zur Präzisierung meiner Ansichten zu diesem Thema auf den Aufsatz am Schluss dieser Textsammlung

# 09 Trump's Tweet on Turkey

## Unveröffentlichter Leserbrief

Zu diesem Aufsatz ist eine Vorbemerkung erforderlich. Ursprünglich als Leserbrief an den Standard[178] gedacht und im Herbst 2019 verfasst, fühlte ich nun ein Jahr später die Verpflichtung, meinen damaligen Text dem von Mary L. Trump[179] in ihrem Buch „Zu viel und nie genug" über Donald Trump episodisch Ausgebreiteten gegenüberzustellen und meine damaligen Überlegungen zu überprüfen, zu ergänzen und eventuell zu verwerfen. Ich hatte damals fast alle der zahlreich erschienenen Bücher über Donald Trump zumindest oberflächlich gelesen und seine Äußerungen in Print- und Bildmedien verfolgt und war im Herbst 2019 zu dem vorläufigen Schluss gekommen, dass er ein psychisch völlig zerrütteter Berufsverbrecher und Hochstapler ist. Zur Person von Mary L. Trump sollte man wissen, dass sie über einen PhD in klinischer Psychologie verfügt, in diesem Beruf auch gearbeitet hat und somit über das theoretische und praktische Rüstzeug verfügen dürfte, ihren Verwandten Donald Trump profund beschreiben zu können. Ich sage bewußt beschreiben, denn eine systematische Analyse der Psyche Donald Trumps bietet das erwähnte Werk von Mary L. Trump nicht. Zudem sollte man bei allem, was Frau Trump äußert, immer im Blick haben, dass sie mit ihrem Werk auch - wenn nicht vor allem - ihrem früh verstorbenen Vater Freddy Trump eine Art Denkmal setzen will. Es geht also in diesem Buch häufig nicht um Donald Trump, sondern um Freddy Trump, den Bruder Donald Trumps und um Fred Trump, den Vater von Donald

---

[178]Österreichische Tageszeitung, angeblich linksliberal, herausgegeben von Oscar Bronner
[179]TRUMP, Mary L. (2020) Zu viel und nie genug - wie meine Familie den gefährlichsten Mann der Welt erschuf , Stuttgart: Heyne Verlag

und Freddy, der nach der Darstellung von Mary Trump das Trump'sche Immobiliengeschäft gegründet und relativ groß und erfolgreich gemacht hat. Ich denke trotzdem, dass der Text von Mary Trump viel dazu beitragen kann, den kranken Charakter und die Gefährichkeit Donald Trumps besser zu erkennen und seine heutigen Handlungen als Präsident der USA als bloße Wiederholungen seiner als Kind eingelernten soziopathischen Verhaltensmuster zu begreifen. Der entscheidende Unterschied ist, dass Donald Trump heute nicht mehr seinem Bruder Freddy das Spielzeug wegnimmt und es so hinbiegt, dass Freddy bestraft wird, sondern dass er diverse Repräsentanten mächtiger Staaten beleidigt, provoziert und mobbt; Abrüstungsverträge und Handelsverträge einseitig kündigt und ständig Unfrieden sät und unfähig zu konzeptivem Denken und Handeln ist. Donald Trumps Verhalten, so wird nach der Lektüre des Werks von Mary Trump erschreckend deutlich, entspricht dem eines extrem bösartigen *Mobbers*, der seine Großartigkeit ständig unter Beweis stellen muss, da er in Wirklichkeit ein kleiner unfähiger Knallkopf und Trottel[180] ist, und seine Ziele durch Lügen und Betrügen erreichen will, wie er es von klein auf gelernt hat und immer damit durchkam, weil sein Vater einen Narren an ihm gefressen hatte.

Nun zu meinem Leserbrief an den Standard; er wurde nicht gedruckt, warum weiß ich nicht, zu ausführlich vielleicht und für den „Kommentar der anderen" zu anders wahrscheinlich.

Sehr geehrter Herr Rauscher,
Sie haben am Freitag, 11. 10. 2019 im Standard-Einserkastl sinngemäß geschrieben: wir sind eingeklemmt zwischen zwei latent Wahn-

---

[180]wie Mary L. Trump erläutert, hat er sich bereits durch die Grundschule geschwindelt, ebenso ist sein Universitätsabschluss durch Betrug zustandegekommen.

sinnigen (Trump und Erdogan), von denen wir nicht wissen, wann die Vollmeise wirklich ausbricht. Ich habe es zumindest so verstanden. Ein solcher Ausbruch völliger madness oder nuttiness[181] (von nuts), falls es letzeren Ausdruck gibt, kann aber nach meinem persönlichen Eindruck jeden Moment passieren, wobei ich Erdogan als weniger erratisch einschätze. Der Mann hat eine Agenda, nämlich dem fundamentalistischen Islam sein früheres Herrschaftsgebiet wieder zu verschaffen sowie dieses auszuweiten und gleichzeitig die EU zu destabilisieren.

Sehr zugespitzt würde ich sagen: Erdogan und Trump sind eine tödliche Bedrohung für Millionen Menschen und den Globus (Beispiel: Donald Trump steigt aus dem Pariser Klimavertrag aus und pfeift auf die Expertise sämtlicher Klima-Experten und Geo-Ökologen. Die Berichte des Weltklimarates sind ihm zu lang und zu kompliziert, er versteht einfach nicht[182], was drinsteht und deshalb muss er sagen, dass es ein Unsinn ist[183]. Ich stelle mir aus diesen und anderen Gründen zunehmend ernsthafter folgende Fragen:

Worauf warten wir? dass einer von den beiden - Trump oder Erdogan völlig durchdreht und eine seiner gröberen Drohungen wahrmacht? mit den weniger groben Sanktionen leben wir ja schon, z. B. Strafzölle des Herrn Trump, Erpressungen des Herrn Erdogan.

Liest man Trumps Tweet vom 7.10. 2019 über sein Verhältnis zur Türkei aufmerksam, so wird schnell klar: Trump hielt sich sich bereits

---

[181] Es gibt ihn wirklich, den Ausdruck siehe: https://www.dict.cc/englisch-deutsch/nuttiness.html [29 12 2019]
[182] Mary L. Trump attestiert ihm eine lang zurück beginnende Lernschwäche, so dass die Vermutung, dass er das meiste in diesen Berichten einfach nicht versteht, wohl zutreffen dürfte.
[183] ich muss zugeben, die Berichte sind sehr sperrig zu lesen und ohne zumindest eine oberflächliche Ahnung bezüglich einer Reihe von Fachausdrücken zu haben, versteht man gar nichts.

2019 für gottähnlich, wenn nicht für Gott selbst. Er schreibt sinngemäß: "große und unendliche Weisheit ist mir gegeben". *Is he completely nuts? A person who utters sentences like that, is nuts, in my opinion.*

Das Folgende schrieb also Herr Trump am 7.10.2019 auf Twitter, es lohnt sich, diese Sätze mehrmals genau und aufmerksam zu lesen:

> *„As I have stated strongly before, and just to reiterate, if Turkey does anything that I, in my great and unmatched wisdom, consider to be off limits, I will totally destroy and obliterate the Economy of Turkey (I've done before!). They must, with Europe and others, watch over..."* [184]

also, man kann es nicht oft genug wiederholen, *"In my great and unmatched wisdom consider to be off limits, I will totally destroy and obliterate the Economy of Turkey (I've done before!). They must, with Europe and others, watch over"...*

Man lege diese Sätze einem Gerichtsgutachter für psychiatrische Angelegenheiten vor und frage ihn, was er dazu zu sagen hat. Für mich als diesbezüglicher Laie hat es stark den Anschein, als ob in Trump's Psyche heftigste und von ihm nicht mehr kontrollierbare Allmachtsfantasien die Oberhand gewonnen hätten.

Für meine Begriffe ist dies eine Flucht in die Selbstüberhöhung als Abwehrhaltung. Trump hatte 2019 und hat heute immer noch begründeten Anlass, sich davor zu fürchten, dass man demnächst seine mafiöse Existenz aufdeckt, die selbst nicht vor eindeutigem Hochverrat zurückschreckt, wenn es um seine Wiederwahl geht; der Mann hat große Angst davor, dass ans Licht kommt, dass seine Karriere als *Businessman*, die er der Öffentlichkeit vorgaukelt, aus nichts als Lügen

---

[184] https://www.nbcnews.com/politics/donald-trump/trump-threatens-totally-destroy-obliterate-turkey-s-economy-n1063366 [18 09 2020]

und Halbwahrheiten besteht[185], dass herauskommt, dass er „ein Frankenstein ohne Bewusstsein" ist.[186]

Die Story mit Biden's Sohn ist so was. Trump hat Repräsentanten eines fremden Landes (Ukraine) nachdrücklich bzw. erpresserisch dazu eingeladen, sich in den amerikanischen Wahlkampf einzumischen. *Best* Hochverrat *ever*, würde ich sagen. Leider sahen das die amerikanischen Juristen, die das untersuchen sollten, offenbar anders und es kam kein *impeachment*-Verfahren zustande.

Mit dem Ausdruck *"in my great and unmatched wisdom"* bezeichnet er sich sozusagen als gottähnlich, als unfehlbar. Eine klassische krankhafte Allmachtsfantasie, nach meiner Auffassung. Sollte dies nicht zutreffen oder irrelevant sein. Eines ist Trump ganz sicher, ein Mensch mit einer „antisozialer Persönlichkeitsstörung".

Hier die Definition dieser psychischen Krankheit:

> „Ein Mensch mit antisozialer Persönlichkeitsstörung missachtet und verletzt regelmäßig die Rechte anderer. Das äußert sich vor allem in gesetzwidrigem Verhalten, Lügen und Betrügen zum eigenen Vorteil oder Vergnügen, als Impulsivität und mangelndes Vorausplanen, Reizbarkeit und aggressives Verhalten. Auch die Missachtung der eigenen Sicherheit sowie der anderer, verantwortungsloses Verhalten zum Beispiel im Beruf und fehlende Reue sind oft zu beobachten. Betroffene legen stattdessen Gleichgültigkeit an den Tag oder versuchen ihre Taten rational zu begründen. Drei dieser Merkmale müssen ab dem 15. Lebensjahr auftreten, damit die Diagnose gestellt wird."[187]

Mir scheint, da hat jemand Herrn Trump sehr gut beobachtet, ein Klassiker der Diagnose. Hundert Punkte, besser geht's nicht.

---

[185]vgl. dazu im Detail TRUMP, Mary L. a.a. O.
[186] Charles P. Pierce vom Esquire, zitiert in: TRUMP, Mary L. (2020) S.28
[187] https://www.spektrum.de/ratgeber/antisoziale-persoenlichkeitsstoerung/1018465 [12 10 2019]

Mit meiner illegalen Laien-Ferndiagnose dürfte ich im Herbst 2019 - ganz nüchtern konstatiert, nicht allzu sehr danebengelegen sein. hier also die professionelle Einschätzung. Mary Trump bezeichnet ihren Onkel, Donald Trump, den derzeitigen Präsidenten der USA

> „als Menschen mit einer „antisozialen Persönlichkeitsstörung, die in ihrer massivsten Ausprägung allgemein als Psychopathie bekannt ist, sich aber auch auf chronische Kriminalität, Arroganz und die Missachtung der Rechte anderer bezieht."[188]

Mary Trump diagnostiziert zusätzlich noch eine Begleiterkrankung, die sie als „eine abhängige Persönlichkeitsstörung"[189] bezeichnet. Hierzu zählt nach ihr die

> „Unfähigkeit, Entscheidungen zu treffen oder Verantwortung zu übernehmen sowie die Angst vor dem Alleinsein und übermäßige Bemühungen, die Unterstützung anderer zu gewinnen."[190]

Zudem vermutet sie eine „seit langer Zeit unbemerkte Lernschwäche, die seine [Trumps] Fähigkeit, Informationen zu verarbeiten, bereits seit Jahrzehnten beeinträchtigt."[191] Mit anderen Worten, sein unstrukturiertes Altherrengebrabbel ist nicht etwa eine schauspielerische Anbiederung an seine zu einem großen Teil analphabetischen Wähler, wie ich im Herbst 2019 noch vermutet habe, sondern der Mann ist tatsächlich ein elender unnötiger Sautrottel, wie man in Wien-Meidling kurz und unverblümt sagen würde.

Ganz ohne Selbstlob, hier trifft sich offenbar meine laienhafte Ferndiagnose vom Oktober 2019 mit einer professionellen Diagnose aus der Nähe durch eine klinische Psychologin. Dieser Herr mit der oben beschriebenen Persönlichkeitsstörung hat, geleitet von seiner *great and unmatched wisdom"*, seiner "großartigen und unübertroffenen Weisheit", etwas bei sich beschlossen und dies teilt er lässig per

---

[188] TRUMP, Mary L. (2020) S.26
[189] Ebd.
[190] Ebd.
[191] Ebd.

Twitter dem amerikanischen Volk und der Welt mit: dass er nämlich das unbotmäßige Land Türkei und die dortige Wirtschaft „völlig zerstören und auslöschen" werde. Dies beabsichtigt er dann zu tun, wenn in diesem Land nicht nach seiner Weisheit gehandelt wird. Eine Weisheit, die sich, nebenbei bemerkt, fünf mal am Tag ändert, je nachdem, welche Fernsehserien bzw. FOXNews Moderatoren er gerade gesehen hat. Nach dieser Weisheit soll sich also die Türkei richten und die anderen sollen sich nicht mucksen. Der Mann spinnt einfach hochgradig und ist sehr krank im Kopfe. Das ist sehr offen zu sehen und braucht, denke ich, keine allzu vielen weitergehenden Untersuchungen und nicht unbedingt ein Psychologie-Studium.

Diese etwas laienhaft-saloppe Einschätzung möchte ich ergänzen mit der Einschätzung einer klinischen Psychologin, die Trump sehr gut kennt. Mary Trump schreibt:

> „Fakt ist, dass Donalds Pathologien so komplex sind und sein Verhalten oft so unerklärbar, dass es für eine genaue und umfassende Diagnose einer ganzen Batterie an psychologischen und neuro-psychologischen Tests bedürfte, auf die er sich niemals einlassen würde."[192]

Völlig zerstören und auslöschen will Herr Trump also ein Land, das Mitglied der NATO ist. So was hat er angeblich schon einmal gemacht, klar erkennbar eine Lüge. Sie, die Türken sollen zusammen mit ganz Europa und anderen Ländern, bloß aufpassen sagt er weiter. Das ist für mein Rechtsempfinden eine gefährliche Drohung, eine Art Kriegs- und Wirtschaftskriegserklärung nicht nur gegenüber einem wichtigen Land an der südlichen Peripherie Europas, das bis vor kurzem sogar ernsthafte Beitrittsverhandlungen mit der EU führte. Ich denke, Trump's *Rant* ist gegen die Europäische Union gerichtet.

---

[192]Ebd. S. 27

Folgendes Szenario ist nicht unwahrscheinlich: Wenn in der Türkei wirtschaftlicher Niedergang und Chaos herrschen, wird man dort zu drastischen Maßnahmen greifen, 3.5 bis 4 Mio syrische Flüchtlinge werden auf den Weg nach Südeuropa und dann nach Mitteleuropa geschickt, Erdogan hat das schon klar so kommuniziert. Millionen Türken werden vor dem Chaos in ihrem Land nach Deutschland und Österreich auswandern wollen, ihre Familien sind bereits hier, daher ist nicht viel zu verhindern - Familiennachzug nennt sich das. Die beiden unberechenbaren Herrscher, Trump und Erdogan arbeiten also ganz gut zusammen bei der Destabilisierung der europäischen Union, während sie nach außen Meinungsverschiedenheiten simulieren und verbreiten, ein Klassiker zynischer manipulativer politischer Kommunikation, würde ich sagen.

Trumps Tweet vom Oktober 2019 folgten glücklicherweise wenig Taten. Statt außenpolitisch Unfrieden zu stiften, hat Trump sich darauf verlegt, die USA ins Chaos zu stürzen. Nach übereinstimmenden Berichten verschiedener ernst zu nehmender europäischer Medien wie DER SPIEGEL und DIE ZEIT gibt es klare Anzeichen dafür, dass sowohl die Afroamerikaner als auch die *Rednecks* dabei sind, sich zu bewaffnen und einen Bürgerkrieg anzuzetteln.

Es ist also auf jeden Fall Vorsicht geboten, der maligne Narziss und gefährlichste Mobber der Welt ist sehr mächtig und ein Halbsatz von ihm inklusive einem Federstrich und einer geleisteten oder verweigerten Unterschrift kann größten Schaden anrichten, der uns auf Jahrzehnte wenn nicht noch länger zu schaffen machen wird.

Wen er genau mit „andere" meinte, die auch aufpassen sollen, Iran oder China, war im Herbst 2019 nicht auszumachen. In seinem Wahn wahrscheinlich beide. Mein Eindruck war und ist, sein Furor richtet sich gegen die gesamte Welt, der kranke Ami will sich zum Weltherrscher aufschwingen, wenn ihm keiner an den Arm fällt. Und er will vorher noch einen Amoklauf durchführen, bei dem Millionen Menschen sterben oder zumindest leiden. Ein Wirtschaftskrieg als Amoklauf und erweiterter Selbstmord, damit kommt man der Wahrheit möglicherweise nahe. Auf jeden Fall vollkommen irrational und brandgefährlich. Die Furcht vor dem Entdecktwerden seiner Lügengebäude treibt ihn an, sich ständig mit den chinesischen Herrschern oder mit Europa anzulegen. Die zitierte Twitternachricht enthielt für mich bereits vor einem Jahr eindeutige Hinweise auf eine beginnende schwere psychische Krise. Meine Hypothese war im Herbst 2019: Er ist ein *Con-Man*, ein Hochstapler[193], er lügt nicht nur zu politischen Fakten, sondern vor allem zu den Fakten ihn selbst betreffend. Er ahnt, dass er seine nichtswürdige Existenz als Hochstapler, Lügner, Frauenverächter und Diktatorenhofierer, gleichzeitig angeblich Multimilliardär und erfolgreicher Unternehmer, wird nicht mehr lange spielen können. Um die Schande abzuwenden, die durch ein Auffliegen seiner *Con-Man* Existenz auf ihn hereinbrechen würde, versucht er, möglichst viel Macht zusammenzuraffen, möglichst viel zu zerstören und Chaos zu stiften, so dass seine lügnerische und nichtswürdige Existenz nicht mehr im Mittelpunkt des Geschehens und der Aufmerksamkeit steht. Er will als Wirtschaftskriegsherr gelten, *who made America great again*. Ich weiß schon, alles Spekulation, aber die Untersuchung von

---

[193]im zitierten Werk von Mary Trump wird das bestätigt, indem sie zeigt, dass sämtliche angeblichen Erfolge Trumps entweder durch das Geld seines Vaters zustandekamen oder er seine Pleiten und Misserfolge im Immobilien- und Casinogeschäft geschickt geleugnet, versteckt und wegdefiniert hat. Von einem erfolgreichen Unternehmer kann überhaupt keine Rede sein, er ist ein con-man, Schwätzer, Lügner und völlig unfähig zum Unternehmertum.

Seelenkrankheiten ist immer Spekulation, egal ob Laie oder Profi. Ich fände es von Interesse und sehr erhellend, eine Diskussion zu eröffnen über diese Frage. In USA haben sich ja einige *Shrinks* in der Richtung, dass er höchstwahrscheinlich völlig wahnsinnig ist, bereits geäußert, aber die sind dort natürlich an ihre Berufsregeln gebunden. Bloß keine Ferndiagnosen stellen, das ist streng verboten und kann die Berufslizenz kosten. Trotzdem hat sich nun offenbar eine Gruppe von amerikanischen Seelendoktoren aus der Deckung gewagt und unter Dr. J. Gartner als *Spokesperson* mal ausgesprochen, dass Trump *„mentally ill"*[194] ist. Ich konnte leider nicht herausfinden, wer dieser J. Gartner genau ist, es gibt zu viele Gartners in USA, daher soll die Meldung, dass sich in den USA mal endlich was rührt in Richtung 25. amendment vorerst genügen.

Endlich eine Wortmeldung, von Fachleuten, die näher dran sind und wahrscheinlich genug Indizien haben. Mary Trump ist nun nicht mehr allein auf weiter Flur. Nach der zitierten Meldung *„[has] the group already collected 41,000 signatures calling for President Trump's removal."*[195] Das ist gut so, denn die familäre Nähe von Mary L. Trump zu Donald Trump ist nicht nur ein Vorteil, sondern es könnte ihr auch Voreingenommenheit unterstellt werden, zum Beispiel weil sie von Donald Trump bereits mit einer Erbschaft schwer übers Ohr gehauen wurde, aber das ist ein Detail. Ich unterstelle ihr erstmal unvoreingenommen Kompetenz bei der Schilderung und Erklärung des Verhaltens dieses tollwütigen Narzissten.[196] und, um einen etwas veralteten Begriff aus dem Strafrecht zu verwenden und kein

[194] vgl. https://klse.i3investor.com/blogs/koonyewyinblog/2020-06-17-story-h1508844761-Psychiatrists_meet_at_Yale_claim_President_Trump_is_mentally_ill_Koon_Y.jsp [22 09 2020]
[195]Ebd.
[196] das ist keine psychologische oder psychiatrische Kategorie, ich weiß, aber wenn ich mir vor Augen halte, dass dieser Wahnsinnige in einem oder mehreren seiner Anfälle nahezu sämtliche Abrüstungsverträge und Waffenbegrenzungsverträge - auch auf dem Atomsektor - gekündigt hat, die Hunderte von fleißigen und kompetenten Juristen über Jahrzehnte hinweg ausgehandelt haben, so kann ich nicht umhin, ihn mit einiger Berechtigung so zu bezeichnen

Schimpfwort, dieses „geistig abnormen Rechtsbrechers" Donald Trump.

Die Idee ist, dass es mit dem Nachweis der geistigen Verwirrtheit bzw. der mentalen Unfähigkeit für das Amt gelingen könnte, den entsprechenden Paragraphen (25. Verfassungszusatz der amerikanischen Verfassung) anzuwenden und Donald Trump aus seinem Amt zu entfernen und somit Schaden von Amerika und der gesamten Welt abzuwenden. Dieser Verfassungszusatz sieht eine höchst komplexe Prozedur vor, im Laufe derer es viele Möglichkeiten gibt, dass die Absetzung scheitert. Das ist allerdings kein Argument, den Versuch zu unterlassen. Zu Tode gefürchtet ist auch gestorben. und dass dadurch eine Verfassungskrise heraufbeschworen werden würde, halte ich für bedeutungslos gegenüber dem Schaden, der abgewendet werden kann, indem man diesen psychopathischen Halunken aus dem Amt entfernt.

Andere sind auch auf diese Idee gekommen:

> „The World Mental Health Coalition has issued a ‚prescription for survival' that urges several calls to action, including the invocation of the 25th amendment of the US Constitution, which would relinquish the president from office once the chief executive is determined unfit. It alsocalls for the president's "urgent impeachment" in Congress and conviction in the US Senate, which must realise its decision "involves the very fate of the nation."[197]

Ich möchte mich hier nicht mit juristischen oder psychiatrischen Feinheiten aufhalten, das ist nicht meine Abteilung. Einer der gefährlichsten Rückfalltäter auf diesem Planeten ist Donald Trump auf jeden Fall, da braucht es nach meiner Überzeugung nicht allzu viele Feinheiten, weder juristische noch psychiatrische.

---

[197]https://klse.i3investor.com/blogs/koonyewyinblog/2020-06-17-story-h1508844761-Psychiatrists_meet_at_Yale_claim_President_Trump_is_mentally_ill_Koon_Y.jsp [22 09 2020]

Es geht mir nicht um eine Ferndiagnose hinsichtlich Herrn Trumps Geisteszustand und dem Grad der Krankheit seiner Psyche, sondern um eine nüchterne Betrachtung seiner Äußerungen, Ankündigungen und Handlungen aus dem Blickwinkel der Verbrechensprävention. Eine ausführliche Diagnose haben wir nun von Mary L. Trump. Vielleicht ergeben sich bei näherer Betrachtung seiner Äußerungen Hinweise, die im Bemühen, ihn wieder zu seiner Fernsehsendung *„the apprentice"* zurückzuschicken, von Nutzen sein können, oder falls er dort nicht mehr gewollt ist, einen anderen Job für ihn zu finden. Parkplatzwächter in einem seiner leerstehenden Casinos meinetwegen, dort kann er kein Unheil stiften, denn da parkt schon länger niemand mehr. Zum Abschluss hier zusammenfassend die Einschätzung der amerikanischen *shrinks* zum Zustand des Präsidenten:

> *„We have a U.S. president who is psychologically and mentally both dangerous and incapacitated. His presentation is consistent with a person who, when his falsely inflated self-image is questioned, or when his emotional need for adulation is thwarted, lashes out in an attempt to restore his sense of potency and command over others."[198]*

Die amerikanischen Doktoren legen noch ein Schäufelchen nach:

> *„We have a consensus that persons with risk factors such as our president would clearly be required to submit to an evaluation, regardless of choice. We must also remember that his position makes him more dangerous, not less: he has the most destructive weapons and the greatest war-making powers at his disposal, but his mental defect also makes him a vulnerable target for manipulation by extremist forces within our country as well as in foreign nations. Our adversaries are highly likely to have his psychological profile, while we ourselves are kept in the dark."[199]*

Ich fasse es auf die kürzest mögliche Weise zusammen: *Bugger off, Mofo!*

*12 08 2020 korr 16 08 2020, 11 10 2020*

---

[198] https://worldmhc.org/urgent-communication-to-congress/ [22 09 2020]
[199] Ebd.

# 10 Künstliche Intelligenz

## Eine Gegenrede

Ein Bekannter von mir, Mike Amon, der Mikrophone wartet und repariert, schrieb vor kurzem das Folgende auf facebook: *"Modifying a beauty from fig. eight to cardioid...."* Dazu war ein Vintage-Mikrophon abgebildet. Die automatische Übersetzung lautete: „Ändern Sie eine Schönheit von FeigeAcht nach Niere."

Merket nun auf ihr Propheten der künstlichen Intelligenz, die ihr für eine nicht allzu ferne Zeit die Herrschaft der Maschinen herbeischwätzen wollt.

Fig. 8 ist die Feige acht. Nicht Abbildung acht, nicht Achter versus Nierencharakteristik, letzteres wäre intelligent. Der Betrachter des Textes sieht das *Vintage*-Mikrophon und weiß entweder, worum es geht und wenn nicht, recherchiert er das. Also, es geht darum, dass Mike das Mikrophon umbaut von einer Achtercharakteristik zu einer Nierencharakteristik. Mike's English ist vielleicht miserabel. Mir war trotzdem klar, dass er nicht von Feigen und Nieren sprach, sondern von den technischen Eigenschaften eines Mikrophons, die er zu ändern beabsichtigte.

Noch bin ich nicht fertig, daher passt weiter auf, ihr Schwindler und Illusionisten, die ihr die Voll-Digitalisierung der Welt predigt und nicht wisst, was das sein soll.

Hört zu, Ihr Hetzer, die ihr den Menschen absichtlich Angst einjagt, dass sie aussortiert und nicht mehr gebraucht werden, weil die Maschinen in naher Zukunft ihre Arbeit verrichten werden. Furcht ist der Humus von Hass, Fake-News, Verschwörungstheorien und Trug und Täuschung und darum geht es Euch in Wirklichkeit, um Chaos und Unsicherheit, damit ihr und Eure Kumpane in Politik und Medien euch als die Retter präsentieren könnt. Also spitzt die Lauscher, ihr schlaubergerischen Marketingfritzen der IT-Industrie und aller sonstigen Industrien, die uns komplett verkabeln und verfunken wollen, natürlich mit dem Geld der jeweiligen Steuerzahler, die die technische Infrastruktur dafür bezahlen sollen, weil sich diese Investition für euch „nicht rechnet".

So lange von euren „intelligenten" Maschinen fig. 8. bei einem Mikrophon als Feige acht übersetzt wird, habe ich nicht davor Angst, dass eure Maschinen in Zukunft die Herrschaft übernehmen, sondern ich fürchte mich viel eher davor, dass eure Maschinen jetzt schon dazu eingesetzt werden, Entscheidungen vorzubereiten und zu untermauern, Gesichtserkennung zu betreiben, Wählerverhalten zu untersuchen und zu manipulieren und Wahlergebnisse zu fälschen. Wenn eure Maschinen auch solche Trotteln sind wie die Übersetzermaschine, die im Zusammenhang mit einem Mikrophon fig. 8 mit Feige acht übersetzt, dann denke ich, dass von Intelligenz, künstlicher, menschengemachter, wohl nicht im Entferntesten die Rede sein kann. Ich vermute weiter und das ist nicht unbegründet, dass ein Großteil der von euren Maschinen vorbereiteten oder durchgeführten Entscheidungen, Analysen, Prognosen und so weiter völliger Mumpitz und totaler Nonsens sind.

Das beruhigt mich keineswegs, wie man verstehen wird. Ich sage zu den Propheten der totalen Überwachung und den Propagandisten der „künstlichen Intelligenz": Ihr habt jetzt mal Pause und hört zu: Maschinen können lernen, wenn lernen heißt Fakten zu sammeln. Die Verknüpfung dieser Fakten ist schon schwieriger. Das kann nicht den Maschinen selbst überlassen werden, sondern das muss von intelligenten und sachkundigen Menschen gemacht oder zumindest geleitet und überprüft werden. Intelligenz bei Maschinen ist deshalb unmöglich, weil für Intelligenz außer Wissen auch Gefühl notwendig ist, dazu Kontextwissen und assoziatives Denkvermögen. Intelligentes Handeln und Schlussfolgern, ob sozial, künstlerisch oder technisch ist ein psycho-physischer Prozess, der mit bloßem Faktenwissen, Rechengeschwindigkeit oder statistischen Methoden nicht darstellbar ist. Deshalb gibt es auch keine „künstliche Intelligenz". Maschinen haben keine Gefühle, ihnen fehlt das Kontextwissen und damit letzlich Wissen überhaupt. Sie wissen nichts, sie speichern, suchen und übertragen Informationen und können sehr schnell rechnen. Weiter ist da nichts. Wer das Gegenteil suggeriert, nämlich Maschinen seien intelligent, ist entweder ein Idiot oder ein Gauner oder schlimmstenfalls beides. Das stimmt natürlich nicht, wenn man die Lernfähigkeit von Maschinen wie zum Beispiel eines Kommissionierroboters als künstliche Intelligenz bezeichnet. Ein solcher Roboter kann etwa auf unerwartete Ereignisse wie das Herunterfallen eines Artikels reagieren.[200] Solche Sachen meine ich nicht und sie haben auch nichts mit Intelligenz zu tun, sondern das ist einfach eine Maschine, die eben auf unerwartete Situationen reagiert. Im Marketingsprech eines Intralogistikanbieters heißt das dann so:

---

[200] vgl. https://www.pressreader.com/austria/die-presse/20201006/281728386977661 [07 10 2020]

„Die Implementierung der Warehouse Management Solutions von TUP erfolgt in interdisziplinären Teams aus Logistikexperten und Softwarespezialisten, stets im Sinne 'Software follows function'. Die enge Zusammenarbeit mit dem Kunden sichert größtmögliche Effizienz der Prozesse und maximale Akzeptanz."[201]

Bei diesen seriösen Technikern ist von künstlicher Intelligenz nicht die Rede, hier sagt man ‚software follows function', eine Selbstverständlichkeit für Eingeweihte. Hier werden Logistikprozesse im Dialog Mensch-Maschine optimiert mit dem Ziel der Erhöhung der Profitrate für das auftraggebende Untrtnehmen.

Wenn man allerdings ergänzend zum Thema „künstliche Intelligenz" erfährt, dass ein Herr zu Guttenberg[202] – ja, der mit der gefaketen Dissertation – als leitender Manager einer Klitsche namens *Augustus Intelligence* werken darf, die außer einem großen Büro im *One world Center* keine Referenzen hat und über einen gekauften deutschen Abgeordneten (Mr. Amthor *that is*) deutsche Staatsknete und EU-Mittel im Rahmen der „KI-Forschung" abgreifen will, dann wird meine Behauptung von Gaunern und Idioten sehr anschaulich illustriert. Mehr braucht es nicht, um extrem misstrauisch zu sein. Danke Herr von und zu Guttenberg, dass Sie uns das mit ihrer Person so anschaulich demonstrieren. Besser geht's gar nicht. *Bugger off, Mofo!*

*24 01 2020 korr 21 06 2020, 17 08 2020, 11 10 2020*

---

[201] https://www.tup.com/intralogistik-loesungen/intralogistik-services/realisierung-ihrer-intralogistik/?
utm_source=googleads&utm_medium=search&utm_campaign=realtraffic&gclid=EAIaIQobChMI9oTpyvmh7AIVSdiyCh0B8wdnEAAYASAAEgII1PD_BwE [07 10 2020]

[202] Für diejenigen, dier die deutsche Politik nicht so genau verfolgen, Theodor Guttenberg ließ seine Dissertation von Beamten des deutschen Bundestages schreiben. Die machten das nicht sonderlich gut. Die Konsequenz war, dass „nachdem die Universität Bayreuth Guttenberg im Zuge der Plagiatsaffäre um seine Dissertation, die auch strafrechtlich relevante Urheberrechtsverletzungen beinhaltet[e], den Doktorgrad im Februar 2011 aberkannt hatte, [...] [er] Anfang März 2011 sämtliche politischen Ämter nieder[legte].Quelle: https://de.wikipedia.org/wiki/Karl-Theodor_zu_Guttenberg [30 09 2020]. Nur nebenbei: Auch im Kriminalfall *wirecard* spielte Herr Guttenberg als Lobbyist eine nicht unbedeutende Rolle. Der Mann ist talentiert und hat scheinbar immer noch Zugang zu höchsten und mächtigsten Polit-Kreisen, im Fall wirecard zu Frau Merkel, die bei dem Versuch half, die Geschäfte dieser Betrügerbande in China zu etablieren.

# 12 Politik in Zeiten von Corona

## Skizze zur Lage in Österreich 17. 3. 2020

Basti Kurz[203] fängt jetzt mit Null-Toleranz-Politik an. Saftige Geldstrafen für Bürger und Bürgerinnen, die sich nicht an vernünftige Anti-Corona-Regeln halten. Bisschen spät wahrscheinlich, ist aber so. Schau ich genauer, wird's mir allerdings mit Herrn Kurz ganz entrisch. Der zynische Maturant hat jetzt das Spielfeld, das er sich lang ersehnt hat. „Führungsstärke" zeigen und sagen, was geht und was nicht. Das ist sein Traum seit Jugendtagen. Ob er unterscheiden kann oder will zwischen „Führungsstärke" und „starker Führer?" Das bezweifle ich. Er hat, wie viele Christsoziale, den Dünkel eines Herrenmenschen. Solche Einstellungen werden im Cartellverband vermittelt. Von dieser Erziehungskomponente zum Faschisten und Diktator ist's nur mehr ein Gedankenhupfer. Ich sage nicht: „der Kurz ist ein Faschist." Ich sage allerdings: „passen wir bitte seht gut auf ihn auf!" Er besitzt völlige Skrupellosigkeit bei der Erlangung und Ausübung von Macht. Es fehlen ihm Empathie und Sachverstand sowie ein ethisch-moralischer Kompass Das heißt, bei seiner geringen Bildung, er merkt es nicht, wenn er von der Führungsstärke zur Führerstärke wechselt. Das ist für ihn kein Unterschied. Deshalb: lasst ihn nicht alleine werken! So ein Bürscherl ist der Aufgabe nicht gewachsen! Wie soll das gehen? Der Bildungsverweigerer ist ein kleiner Diktator mit Chancen, ein großer zu werden. Dieses Szenario, wenn auch nicht sehr wahrscheinlich, ist doch denkbar. Es für ihn extrem peinlich, der erste Corona-Diktator zu sein in Austria; an die Macht gekommen durch ein hirnloses Virus, ersparen wir ihm bitte diese Schande. Na gut, lassen wir es kurz enden: einer mit weniger Talent zum Verbrecher wäre mir jetzt

---

[203]Sebastian Kurz war mal kurz österreichischer Bundeskanzler.

durchaus lieber. Intelligenz ist immer Verstand und Gefühl. Den Machtverstand, den hat Herr Kurz - *chapeau*, beim Sachverstand ist *zero* angesagt. Empathie und Kreativität sind ihm völlig fremd. Genau die aber brauchen wir, weil nach Lehrbuch geht bald gar nichts mehr. Und die Lehrbücher hat er auch nicht gelesen, der faule Basti. *What a pity, really!* Er ist doch so ein talentierter Bub! Demnächst wird es nicht mehr reichen, beim Lügen verklemmt zu grinsen, derweil die Republik geht gradewegs schleichend in die Binsen. So, das ist ein „nicht genügend!" bitte setzen, lieber Basti; und erzähl uns nie mehr Gschisti Gschasti!

Wie (un) souverän Herr Kurz wirklich ist, das sehen Sie in diesem Video:

https://www.youtube.com/watch?v=tXnZefBzAbM

Lieber Basti, warum nur, sag warum, eierst du dermaßen herum? Schwulsein oder bi sein ist kein Verbrechen, Verfassungsbruch hingegen schon. Lies mal ein paar Bücher, blöder Schlingel! Und verschon uns künftig mit dei`m Wortgeklingel. *Bugger off, Mofo!*

*17 03 2020 korr im Mai 2020, 21 08 2020, 11 10 2020*

# 13 Ein trauriges Kind macht die Welt traurig

## Erklärungsversuch

Die hier geschilderte Geschichte ist fiktiv, hat allerdings wie jede Fiktion Anknüpfungs- und Ausgangspunkte in der Wirklichkeit.

Mivan,[204] von dem ich hier erzählen will, ist zwölf Jahre alt, er ist ein Bub aus Syrien. Seine Nieren sind krank. Er braucht drei Mal in der Woche eine Dialyse. Das tut zwar weh, ist aber nicht so schlimm. Viel schlimmer ist: er spricht nicht Deutsch, daher kann er sich mit seinen deutschen Freunden und Freundinnen nicht austauschen.

Ohne Frage, Berlin ist besser als Syrien. Die Klini-Clowns setzen sich rote Nasen auf und muntern die Kinder nach der Dialyse auf, spielen und lachen mit ihnen. Mivan spielt nicht mit, weil er traurig ist. Er kann nichts sagen. Es wird immer schlimmer. Er weint mit geschlossenen Augen, damit es niemand sieht. Dann kommt Mary, sie hilft Kindern, die eine Dialyse brauchen. Mary sieht gleich, dass Mivan traurig ist. Sie will ihm helfen und fragt ihn, was er sich wünscht. Er weint wieder mit geschlossenen Augen, damit Mary es nicht bemerkt. Mivan hat keine Wünsche wie andere Kinder, er will keine Nike *Sneakers* oder Adidas *T-Shirts* mit Messi oder Neymar drauf. „Ich möchte mit meinen Freunden sprechen können", sagt er leise und stockend. Lucida ruft am gleichen Tag noch die richtigen Leute an, die dem Buben Mivan Deutschunterricht geben können. Als er hört, dass er Unterricht

---

[204] Mivan heißt in Wirklichkeit anders, ich möchte nicht, dass er und die Personen, die ihm helfen, erkannt werden können. Mivan ist ein hier frei gewählter kurdischer und syrischer Vorname und er bedeutet Besuch, der Besucher. (Quelle: https://jungennamen.eu/sprachherkunft/syrisch/[15 08 2020] Deshalb habe ich diesen Namen gewählt, Mivan ist auf Besuch in Deutschland oder Österreich, unfreiwillig, aber es wird ihm geholfen und er wird unterstützt, wo es geht.

bekommen soll, ist Mivan glücklich. Wenn er diese merkwürdige Sprache lernt, die immer klingt wie eine Befehlsausgabe, dann wird er endlich mit seinen Freundinnen und Freunden sprechen können und er kann ihnen etwas von seinem Leben und seinem Land erzählen. Er würde ihnen schildern, wie es war vor dem Krieg. Die Marillenbäume, Mandelbäume und Feigenbäume in Großvaters Garten, alle mehr als hundert Jahre alt. Dann würde Mivan seinen Freunden erzählen, wie es war, als eine russische Rakete den Großvater zerfetzte und dessen Gliedmaßen überall verstreut herumlagen. Wo sich früher Großvaters Garten befand, ist jetzt ein Bombentrichter mit 20 Metern Durchmesser. Dieses Erzählen, so hofft Mivan, würde viel von seinem Schmerz wegnehmen. Er könnte erzählen und weinen gleichzeitig. Dadurch würde sein Deutsch innerhalb kurzer Zeit so gut werden, dass er in eine normale Schule gehen kann. Mivan sehnte sich nach Normalität, das machen zu dürfen, was alle Kinder in dem neuen Land auch tun und neue Sachen lernen. Die Teilnahme an Lernprozessen ist das Fundament zur Entwicklung einer sozialen Person, die mit den völlig anderen Gegebenheiten im neuen Land umzugehen in der Lage ist und sich mit der neuen Umgebung auseinandersetzen kann. Die Sprache des neuen Landes zu lernen und gut zu sprechen bereitet Mivan Freude, er ist talentiert und macht schnell große Fortschritte. Alle loben ihn, sie laden ihn zu ihren Geburtstagsfeiern ein, wo es überwiegend Halal-Essen gibt, denn sonst würde Mivan vieles nicht essen dürfen oder wollen. Kulturell geprägte Tabus, Gebote und Verbote in dem neuen Land sind es, die Mivan nach kurzer Zeit zu schaffen machen. Er ist verunsichert, sitzt oft abseits und schweigt wie ganz am Anfang, als er noch nicht Deutsch sprechen konnte. Nun schweigt er wieder, mangels Begriffen für vieles für ihn Unbegreifliche. Seine Leistungen in der Schule lassen nach, er fehlt in seinen Kursen.

Seine ständigen Versuche, allen Anforderungen gerecht zu werden und die unterschiedlichen Lebenskonzepte seiner alten und der neuen Heimat zur Übereinstimmung zu bringen, machen ihn von Neuem unsicher, schweigsam und traurig. Zu diesen Konfliken in seiner Seele kommen mit der Zeit auch äußere Konflikte hinzu. Einige seiner Freunde gehen in die syrische Moschee und überreden ihn, mitzugehen. Dort werden Suren, sprich Gebete rezitiert. Die Sprache und die Erklärungen sind in altarabisch und schwer verständlich bzw. unverständlich für ihn. Nach dem Gottesdienst wird syrisches Arabisch gesprochen, das er schlecht spricht und auch nicht gut lesen kann. Die Schule in Syrien fand im Krieg nur einen Tag in der Woche statt. Damit ist er wieder in der gleichen Situation wie am Anfang: er kann mit seinen Moschee-Freunden nicht in ihrer Sprache sprechen, ist wieder stumm und ihren Geschichten von einer gerechten Welt und dem richtigen Gott und dessen Ge- und Verboten ausgeliefert. Nach dem Gottesdienst beim „Abhängen" mit seinen Freunden hört er ungute Dinge über die Ungläubigen, die ihn im neuen Land umgeben: Dass sie ihn belügen, nicht an den richtigen Gott glauben, ihn in geheuchelter Zuneigung freundlich umgarnen, um ihn letztlich zu ihrem, dem falschen Glauben zu bekehren. Der Bub Mivan bekommt Schwierigkeiten, all das Böse und Widerwärtige, das er über seine neue Umgebung hört und die Freundlichkeit und Zuwendung, die er von dieser Umgebung erfährt, zur Deckung zu bringen. Das gelingt ihm immer weniger, weil er noch nicht über das denkerische Rüstzeug verfügt, alles richtig einzuordnen, Er entwickelt daher eine kognitive Dissonanz[1], die in weiterer Folge zu einer Abspaltung seiner „Moschee-Persönlichkeit" von der „Schüler in deutscher Schule-Persönlichkeit" führt. Weil er Altarabisch nicht versteht und die syri-sche Schriftsprache nicht gut lesen kann, kann er nicht überprüfen, ob das, was in der Moschee gepredigt und von seinen neuen Freunden interpretierend erzählt wird, der Wahrheit entspricht. Dies macht ihn unfähig, in einen Dialog oder einen Austausch auf Augenhöhe einzutreten. Er kann nur alles glauben. Dies führt dazu, dass er sich von der Schüler-Persönlichkeit abwendet, seine Ausbildung vernachlässigt und sich gänzlich dem Einfluss seiner Freunde aus der Moschee-Umgebung ausliefert. Die ständigen vergeblichen Versuche, die beiden Erfahrungsräume zu verbinden und in Einklang zu bringen, führen bald zu einer Hinwendung zu Betäubungsmitteln wie Alkohol, aber auch anderen Drogen und Medikamenten. Dieser Abusus verschärft seine schulische Situation, er wird rausgeschmissen. Um seinen Bedarf an Alkohol und anderen Betäubungsmitteln zu finanzieren, lässt er sich auf kleine Gaunereien ein: Handys klauen und verticken und Omas im Park die Geldbörse aus der Handtasche ziehen, solche Sachen. Um es kurz zu machen, Mivan wird zum Kleinkriminellen, verkauft *weed*, das er von Albanern geliefert bekommt. Er verdient zum ersten Mal Geld und verkehrt in Bordellen und angesagten *Shisha Lounges* mit den Schönen und den *Socialites* der Stadt. Man erzählt ihm, dass er als Minderjähriger in Deutschland nicht bestraft wird. Diejenigen seiner Moschee-Freunde, die schon in einem deutschen Gefängnis waren, machen sich über die deutsche Polizei und Justiz lustig, schildern ihren Aufenthalt im deutschen Gefängnis eher wie ein lässiges Militärtraining, das ihnen die Muckibude erspart. Aber sonst gibt's im Knast alles: Handy, Fernseher, Tischfußball. „Besser wie Hotel, Alda, isch schwör Dir bei meiner Mutter." Man kann im Gefängnis auch Berufe lernen wie Maurer, Tischler, Glaser, Schweißer, Metallbauer. Darüber spotten seine Moscheefreunde: „Diese Scheiß-Ungläubigen wollen uns zwingen, körperliche Arbeit zu tun. Uns, ihre wahren Herren. Was bilden sie sich ein, diese eierlosen Hohlköpfe?" In diesem

Ton reden sie mit Mivan. Bei ihm bildet sich allmählich die Ansicht, dass es nicht notwendig und richtig ist, die Regeln der Ungläubigen einzuhalten. Genau betrachtet ist es sogar eine Sünde und gegen den Koran, wenn er das tut. Dann kommt Mivan in die Phase, in der er sich für weibliche Wesen interessiert. Dass man hier streng unterscheiden muss zwischen rechtgläubiger Muslimin, die dem *dresscode* der Haarbedeckung und/oder Verschleierung huldigt und allen anderen weiblichen Wesen, die sämtlich als ehrlose Huren bezeichnet werden müssen, brachten ihm schon sein Vater und sein Großvater bei. Frauen sind in Syrien überwiegend keine gleichberechtigten Partnerinnen, sondern sehr verbreitet Sex- und Putzsklavinnen der Männer; man kann es auch anders ausdrücken: „[...]insbesondere im Personalstatut, sind [die Frauen] an die religiösen Gesetze gebunden. Diese sehen das weibliche Geschlecht als schwaches, dem männlichen untergeordnetes an."[205] Mit dieser Einstellung kam er schon aus Syrien. Er hatte es in seiner Familie gesehen, dass die unverheiratete Schwester unbezahlt sämtliche Hausarbeiten wie Kochen, Einkaufen, Putzen etc. erledigen musste und falls das nicht klappte wie gewünscht, wurde sie bestraft, auch physisch. Mit diesem Frauenbild der weitgehenden Rechtlosigkeit ist er also nun in Deutschland, wo die Frauen nicht nur im übertragenen Sinne die Hosen anhaben, sondern auch im wirklichen Leben und wo sie gar nicht daran denken, ihre Haare, Titten und Ärsche zu verstecken, damit der hilflose Mann nicht in Versuchung gerate. „Vor Ausbruch des Krieges wurden [in Syrien] 13% der Mädchen vor ihrem 18. Lebensjahr verheiratet und 3% bereits vor ihrem 15. Geburtstag."[206] Man braucht gar keine lebhafte Fantasie, um zu erraten, wie es angesichts dieser Widersprüche nun

---

[205]ZAUNER, M. (2011), Syrien: Die Rolle der Frauen in der Zeitgeschichte, Diplomarbeit Studienrichtung Arabistik der Universität Wien, unveröffentlichtes Manuskript, S. 103
[206]https://www.frauenrechte.de/unsere-arbeit/themen/gewalt-im-namen-der-ehre/schwerpunkt-fruehehen/laenderprofile/2143-syrien [07 10 2020]

im Kopf von Mivan zuging. Vollkommene Verwirrung. „Anständige"
muslimische Mädchen wollen nichts mit ihm zu tun haben, weil er dealt
und ihre Familien ihnen den Umgang mit ihm und seiner kleinkriminellen Clique verbieten. Die deutschen Mädchen und Frauen
machen sich lustig über den Mini-Patriarchen, der ihnen Befehle erteilt
und deren Ausführung umgehend erwartet. Von seinen
Moscheefreunden lernt er auch, dass die Frauen für die Familienehre
zuständig seien. Und zwar mittels ihres intakten Hymens. Weshalb
Rumvögeln sowieso, aber auch Küssen und Händchenhalten mit
einem anderen als dem von zwei Familien bestimmten Bräutigam
schwer von Übel sei und die Ehre der gesamten Familie zerstöre. Ver-
stöße gegen diese Regel können mit Strafen geahndet werden, bei
denen eine völlig archaische Gerichtsbarkeit zur Anwendung kommt.[207]
So hat dann der Patriarch und der Familienrat das Recht auf Leib und
Leben seiner Familie. Das kann bis zum Urteil: Tod für die
Tabubrecherin reichen. Vom Patriarchen und Familienrat wird ein
männliches, oft ein minderjähriges Familienmitglied bestimmt, das die
Tat ausführen muss, nun Ehrenmord genannt. Oft ist der Täter ein
Bruder der frevelhaften Frau. Diese kulturellen Codes und Werte
geraten allmählich in der Seele des Heranwachsenden Mivan mit der
beobachteten Wirklichkeit im neuen Land in unlösbare Konflikte. er
gerät in eine Entscheidungssituation: entweder die Moschee-Wirk-
lichkeit und das dort vermittelte patriarchalische Weltbild anerkennen
oder die deutsche Republikwirklichkeit. Beides zusammen geht nicht.
Er kann mit einer Seele nicht gleichzeitig in diesen zwei so
unterschiedlichen Welten leben, deshalb ist die Flucht in die Krankheit
oder die Erkrankung unausweichlich. Es gibt also in Zukunft zwei

---

[207]ich beziehe mich bei den Aussagen zum Ehrenmord und die soziale Stellung der Frauen auf die
Masterarbeit von ALI, H. (2017), Ehrenmorde und Zwangsverheiratungen - eine interdisziplinäre
Annäherung an Ursachen und Hintergründe, Masterstudium Arabistik an der Universität Wien,
betreut von Univ. Prof Dr. Stephan Prochaska, unveröffentlichtes Manuskript.

Mivan. Einen, der die Wahrheiten seiner Freunde aus der Moschee verinnerlicht und einen, der wieder intensiver lernt, sich der deutschen Wirklichkeit stellt und dort seinen Platz erringen will. Das ist die positive Variante. Er ist inzwischen gescheit genug, der Realität seiner Moscheefreunde nur einen kleinen Platz in seinem Selbst zuzuweisen. Religion ist eine wichtige Nebensache, manchmal beten wir, manchmal gehen wir in die Moschee oder Kirche, aber ansonsten beschäftigen wir uns mit uns selbst und dem Überleben in der mehr oder minder "solidarischen Hochleistungsgesellschaft."[208] Mivan hatte inzwischen gelernt, der Religion einen Platz zuzuweisen, die ihn nicht von der wirklichen Arbeit abhält. Das ist die *best case* Variante. Und nun das *worst case* Szenario: Mivan kann mit den beiden Lebenskonzepten nicht gleichzeitig leben. Er leidet an akuten psychotischen Schüben, unkontrollierten Aggressionsausbrüchen, seine kognitive Dissonanz[209] und sein Drogenkonsum verstärken diese Symptome.[210] Er sticht eines Tages mit einem Küchenmesser mitten auf der Straße auf zwei deutsche oder österreichische „Huren" ein, die ihn verspotten und, außer wenn er bezahlt, keinen Sex mit ihm wollen. Dieser symbolische Ehrenmordversuch ist seine Konsequenz aus dem Konflikt zwischen dem archaischen Ehrenkodex, wonach die Jungfräulichkeit der unverheirateten Frauen der Garant für die Familienehre sei und seiner realen Zurückweisung durch die Frauen im

---

[208] Der Begriff wurde vom ehemaligen SPÖ-Vorsitzenden Alfred Gusenbauer verwendet, um den modernen Kapitalismus in der politischen Auseinandersetzung zu charakterisieren. Beide, Gusenbauer und der Begriff, haben sich nicht so richtig durchgesetzt.

[209] Wenn zwei kognitive Elemente zueinander im Widerspruch stehen, sodass das eine in gewisser Hinsicht das Gegenteil des anderen ausdrückt, entsteht Dissonanz. Ein konsonanter Zustand besteht hingegen, wenn keine Gegensätze vorliegen. Dissonante Zustände werden als unangenehm empfunden und erzeugen innere Spannungen, die nach Überwindung verlangen. Quelle: Wikipedia kognitive Dissonanz.

[210] vgl. MEISTER, K. (2010), Komorbidität Psychose und Sucht - Dissertation an der Universität Hamburg, https://ediss.sub.uni-hamburg.de/volltexte/2010/4835/pdf/Promotion_KM_28.10_2010_PDF.pdf [26 09 2020] S. 14

neuen Land. Zudem hat er natürlich längst durchschaut, dass der im neuen Land angebotene Lebensentwurf, auf den er hinarbeiten wollte: Reich werden, Haus kaufen, schöne Frau heiraten, schöne kluge erfolgreiche Kinder haben, mit dem neuen dicken SUV in der Gegend herumfahren und die Stereoanlage auf Maximum drehen eine Schimäre, ein Trugbild darstellt. Ein Glücksversprechen, das so nicht einzulösen ist und auch gar nicht eingelöst werden soll. Alles in allem: in der Welt des modernen Kapitalismus ist er ein Gescheiterter und Verlierer, der nicht einmal die Schule schafft, in der anderen Welt, der Welt der Ehre und des Gehorsams, kann er durch symbolische Ehrenmordversuche zumindest eine Kleinigkeit zu einem unbestreitbaren Wert beitragen: nämlich der Ehre der Gemeinschaft der Rechtgläubigen (Umma[211]). Dieses Szenario ist völlig konstruiert und eine Fiktion. Es bildet nur einen winzigen möglichen Ausschnitt der Wirklichkeit ab. Selbstverständlich gibt es Millionen erfolgreichere Entwicklungsverläufe.

*16 08 2019 korr 31 08 2020, 11 10 2020*

---

[211]theologisches Konzept von der Gemeinschaft aller Muslime
vgl.https://religion.orf.at/lexikon/stories/2536187/ [31 08 2020]

# 14 Zum Schluss mal was Positives

# Plädoyer

Nach gründlichem Nachdenken über diese Textsammlung, an der ich jetzt fast eineinhalb Jahre mit Unterbrechungen gearbeitet habe, kam mir zu Bewusstsein, dass zu viel Negatives, zu viel „so gehts nicht" und „das ist Mumpitz" und *„bugger off mofos"* drin ist und es fiel mir ein, dass es einmal mein Job war, Zukünfte zu entwerfen, also zu sagen, wie es gehen könnte statt zu sagen, wie es nicht geht und ich beschloss, leichtsinnig, wie ich manchmal bin, zum Abschluss etwas zu skizzieren mit dem Arbeitstitel „warum nicht Städte bauen statt KZs?"

Beginnen möchte ich mit einem Selbstzitat aus meinem noch unveröffentlichten Werk mit Kurztexten, Liedern und Gedichten. Die folgenden Zeilen dienen mir als Motto und stammen aus einem Text mit dem Titel: „Lesbos sehen und sterben - eine Trauerrede."

Ohne weitere Vorrede der folgende Ausschnitt aus diesem Text:

„Warum habt ihr Tötungslager gebaut?
Und nicht Städte zum Leben?
wo die Neuen arbeiten, schaffen,
Zukunft bauen können?
Warum sperrt ihr sie in Lager?
Und tötet sie?
Und fühlt euch nicht mal schuldig?
sondern protzt als wie,
wieviele Milliarden ihr
jährlich in den Grenzschutz buttert"

Die entscheidende Frage ist: „„Warum habt ihr Tötungslager gebaut? Und nicht Städte zum Leben?"

Ja, warum eigentlich? können wir das nicht mehr, Städte bauen oder wollen wir bloß nicht? wäre ja gelacht, wenn eines von beiden oder beides völlig falsch wäre. Ich denke, wir können das, wir wollen bloß nicht. Städte zum Sterben sind einfacher zu bauen als Städte zum Leben. Man schaue sich die Konzentrationslager der Himmlers und ihrer willigen Helfer einmal an. Das Grauen, das dort herrschte, wird schon durch die Grundrisse dieser Lager vermittelt, da braucht man sonst nichts zu wissen über diese verfluchten Tötungsmaschinen.

Um zu verstehen, was ich mit Stadtgründungen und Städte bauen meine, ist ein kurzer Blick in die Geschichte des europäischen Städtebaus unerlässlich. In der Zeit zwischen 1030 und 1348 [spielte sich ungefähr auf dem Gebiet des heutigen Deutschland] eine „Explosion"[212] des Städtebaus ab, wie sie heute fast nicht mehr vorstellbar ist. „Um 1000 gibt es ca. 150 Städte, um 1200 bestehen bereits ca. 1000 Städte, deren Anzahl bis 1350 auf ca. 3000 anstieg."[213] Diese Welle von Stadtgründungen wird von den zitierten Autoren „Gründungsstädte" genannt und als „Ergebnis von rationalen Entscheidungen" charakterisiert.[214] Nach den Autoren müssen folgende „grundsätzlichen Voraussetzungen und Festlegungen vor der Gründung geklärt sein:"[215] „Zunächst muss eine ausreichende Anzahl von Bewohnern entweder am Ort vorhanden sein oder durch die neue Stadt und die damit verbundenen Vorteile dorthin gelockt werden können."[216] Die Idee der Stadtgründung für Geflüchtete ist nicht neu,

---

[212] HUMPERT K. / SCHENK M. (2001) Die Entdeckung der mittelalterlichen Stadtplanung- Das Ende vom Mythos der „gewachsenen Stadt", Stuttgart: Konrad Theiss Verlag GmbH, S. 58
[213] Ebd. 58
[214] Ebd. S. 52
[215] Ebd.
[216] Ebd.

2015 gab es schon einmal derartige Vorschläge[217] - daraus wurde leider nichts oder wenig - oder ich weiß nichts davon[218]. Ich denke trotzdem und das ist eine Aufgabe für junge Stadtplaner, Ökologen und Architekten, dass man das mal probieren sollte, es gibt in den deutschen Bundesländern im Osten, aber auch im Ruhrgebiet zum Beispiel genug Regionen, die von Abwanderung, Verfall und sonstigen Übeln betroffen sind. Die *location* für ein solches Vorhaben zu suchen und die dortige Bevölkerung davon zu überzeugen, gehört wohl zum Schwierigsten eines solchen Projektes. Ich plädiere ausdrücklich nicht für eine europäische Stadtgründungsinitiative, weil man dann davon ausgehen muss, dass nichts funktioniert. Nichtsdestotrotz, bevor weitere KZs in Griechenland gebaut werden, die als Brutstätte für Elend, Krankheiten, Terrorismus und Kriminalität gelten müssen oder bevor man Herrn Erdogan[219] eine Führungsrolle bei einem solchen Projekt überlässt: Ran an die Aufgabe, meine Damen und Herren Jungstars der Planer- und Entwickler-Szene. Auf geht's und frohes Schaffen. Ich stehe gerne als *senior Consultant* zur Verfügung. Dass die Idee, für Geflüchtete in Europa Städte zu gründen, in denen sie würdig leben und arbeiten können, nicht völlig irrsinnig und debil ist, beweist mir die Initiative von Robert Menasse, Autor, Essayist, Denker und vielfacher Literaturpreisträger und einer Politikwissenschaft-Professorin an der Donau Universität Krems, Ulrike Guerot. Schauen wir einmal bei den beiden nach, wie weit sie mit der Ideenentwicklung oder vielleicht Projektentwicklung gekommen sind. Über essayistische Gedankenspiele hinaus sind die beiden     nach mir vorliegenden

---

[217]vgl. https://www.welt.de/politik/deutschland/article147740932/Willkommen-in-Neu-Aleppo-der-Stadt-fuer-Fluechtlinge.html [22 09 2020]

[218] Manfred Osterwald, ein Architekt und Projektentwickler aus Deutschland, hat diesen Vorschlag laut einem Bericht in WELT.de gemacht. vgl.
https://www.welt.de/politik/deutschland/article147740932/Willkommen-in-Neu-Aleppo-der-Stadt-fuer-Fluechtlinge.html [07 10 2020]

[219]vgl. https://www.sn.at/politik/weltpolitik/erdogan-will-in-syrien-140-doerfer-fuer-fluechtlinge-bauen-81281758

Informationen nicht fortgeschritten. Trotzdem hier ein Zitat, das vielleicht als poetischer Anknüpfungspunkt dienen kann:

> „Segregation ist auch eine Form von Toleranz, lehrt uns die Soziologie. Vor diesem Hintergrund und unter Berücksichtigung der Erfahrungen, die wir gegenwärtig machen, müssen wir die Frage stellen, ob die derzeit auf Integration ausgerichtete Flüchtlingspolitik der EU, die das Risiko großer gesellschaftlicher Unruhe in Europa birgt, die richtige Strategie ist. Werfen wir einen Blick in die jüngere Geschichte, um uns von Lösungen inspirieren zu lassen, die sich bereits als nachhaltig erwiesen haben: Was haben europäische Migranten gemacht, die während der Hungersnöte und politischen Krisen im 18. und 19. Jahrhundert in Massen in die Neue Welt ausgewandert sind, Iren, Italiener, Balten, Deutsche ...? Sie haben dort ihre Städte neu gebaut."[220]

Vielleicht sollte man besser sagen: Sie haben neue Städte gebaut und sie nach den alten benannt. Weiter mit Guerot/Menasse:

> „Wie wäre es, wenn Flüchtlinge in Europa Bauland zugewiesen bekämen, benachbart zu den europäischen Städten, aber in einem Abstand, der die Andersartigkeit wahrt. Damit würde man einen Möglichkeitsraum an nebeneinander real existierenden Lebensentwürfen und -modellen schaffen. So entstehenNeu-Damaskus und Neu-Aleppo, Neu-Madaya inmitten von Europa. Oder auch Neu-Diyarbakir oder Neu-Erbil und Neu-Dohuk für die kurdischen Flüchtlinge. Vielleicht auch Neu-Kandahar oder Neu-Kundus für die afghanischen Flüchtlinge oder Neu-Enugu oder Neu-Ondo für die nigerianischen Flüchtlinge."[221]

Viel weiter sind die beiden nicht gekommen bzw. weitere Ausarbeitungen wurden nicht publiziert oder sind mir nicht bekannt, aber offenbar wurde die Idee bereits in Alpbach vorgestellt und vielleicht sollte man ein solches Projekt in leicht modifizierter Form weiterverfolgen und weiterentwickeln. Kopien oder Klone von Städten in den Herkunftsländern der neuen Bewohner sehe ich eher kritisch und skeptisch. Städte im 21. Jahrhundert sollten keine Kopien sein. Sie können Elemente alter Städte beinhalten, müssen aber sonst technologisch und auch in gestalterischer Hinsicht völlig anders sein. Neu-Lagos zu bauen oder Neu-Djarbakir halte ich für nicht ratsam. So, jetzt

---

[220] GUEROT U. / MENASSE R. (2016) Lust auf eine gemeinsame Welt, in: Le Monde diplomatique vom 11.02.2016 https://monde-diplomatique.de/artikel/!5274030 [21 09 2020]
[221] Ebd.

habe ich hier zum Abschluss doch noch eine positive Perspektive eröffnet. Das ist eine Aufgabe für junge Stadtplaner, Baumeister, Bauingenieure, Ökologen, Soziologen, Sozialpädagogen und Architekten, meinetwegen auch Politikwissenschafter (das *innen bitte immer mitdenken) für die nächsten fünfzig und mehr Jahre. An die Arbeit, liebe Leute und wartet nicht, bis euch ein Politiker oder ein politisch-bürokratisches Gremium beauftragt. Die wissen schon, warum das nicht funktionieren kann, bevor ihr ihnen von der Idee überhaupt erzählt habt. *If you can't beat the mofos, ignore them.* Ich lasse es mal so stehen, es ist an dieser Stelle nicht meine Aufgabe, in eine Art Ideenentwicklung oder Projektentwicklung einzusteigen, obwohl eine solche Aufgabe extrem spannend wäre. Es gibt Leute in Europa, die einen Haufen Geld für solcherlei Art Arbeit bekommen. Die sollen sich mal dahinterklemmen und daran weiterarbeiten, falls sie dazu in der Lage sind. In diesem Sinne, an die Arbeit, Leute! Mit KZs vom Moria-Typus, in denen die Geflüchteten gefangen gehalten und zu Verbrechern und traumatisierten psychisch Kranken[222] hergerichtet werden, kann es nicht weitergehen. Das haben hoffentlich inzwischen fast alle eingesehen. In diesem Sinne, *good luck* und bitte nicht verzweifeln, wenn's nicht schnell geht und gleich klappt. Rom ist auch nicht an einem Tage erbaut worden, Wien und Berlin auch nicht.

*30 09 2020, 11 10 2020*

---

[222] Für ihren Beitrag zu dieser Erkenntnis sollten diejenigen, die dieses KZ angezündet haben, genau genommen nicht bestraft werden, sondern für ihren Mut gelobt und ausgezeichnet.

# Daten zum Autor

* 14. Juli 1952 in Tübingen (BRD), Volksschule in Pfullingen, Gymnasium in Reutlingen;

1975-1981: Studium Raumplanung und Raumordnung TU Wien;

1975-1981: freiberuflicher und angestellter Mitarbeiter an diversen Instituten der Technischen Universität Wien;

1983 - 1987: freiberuflicher Politikberater und Projektmanager;

1987-1989: Leitender Mitarbeiter der „Ökosystemstudie Donaustau Altenwörth" im Auftrag der Österreichischen Akademie der Wissenschaften im Rahmen des UNESCO Man and Biosphere Programms;

1987 –2005: Ingenieurkonsulent für Raumplanung und Raumordnung, Co-Leitung Ziviltechniker-Unternehmen mit bis zu 20 Mitarbeiter*innen, internationale Consulting Tätigkeiten (Namibia1984, UdSSR 1987, Ghana 2005),

Managing Partner bei HARY & HEINZE Consulting Engineers Vienna, 1991 - 1988 Projektentwickler und Gesamtplaner des österreichisch-ungarischen Businessparks Heiligenkreuz-Szentgotthard mit einer Investitionssumme von rund 3 Mrd ATS, Lead-investments Lenzing Lyocell und Flutmulde als ökologisch angepasster Hochwasserschutz für Businesspark und Stadt Szentgotthard

**Parallel dazu Kunstprojekte:**

1984: FISCH & FOGEL Ein mythorealistischer Guerilla-Angriff auf tote Seelen und Gründerzeitfanatiker, gemeinsam mit G. Ullreich;

1990: Bühnenmusik für ENDSTATION SEHNSUCHT von Tennessee Williams am Tiroler Landestheater, Regie Oliver Karbus;

1994: Texte und Kompositionen zur CD HAUSMASTER IM JENSEITS mit Hans Hohensinn (dr), Wolfgang Killian (git, arr), Gerhard Vojtech (b, arr), Thomas Heinze (ep, org, voc, arr);

2000: ECOTONES & BORDERLINES Photographien und Aquarelle vom Shannon River, Irland, Ausstellung Galerie Freitag, Winden am See;

2000-2001: METAPHYSISCHE SCHLAMPEN oder die Liebe ist stärker als der Tod - Fraktalroman, unveröffentlicht;

2002: HAUSMASTER IM JENSEITS - der FILM, gemeinsam mit H.Hohensinn, W. Killian, G. Vojtech;

2004-2009: Kulturprojekt KETZERHOF Meidling (Konzeption und Management);

seit 2005: in Pension mit nicht kommerziellen Tätigkeiten als Autor (Poesie, Lieder, Essays);

# Literatur- und Quellenverzeichnis

## A/ Printmedien

ABE, Nicola (2019), Wie lebende Maschinen, in: DER SPIEGEL Nr. 33 10.8. 2019, Seite 31

ABENDROTH, W. (Hrsg.) (1979), Faschismus und Kapitalismus - Theorien über die sozialen Ursprünge und die Funktion des Faschismus, Frankfurt am Main: Europäische Verlagsanstalt

ALI, H. (2017), Ehrenmorde und Zwangsverheiratungen - eine interdisziplinäre Annäherung an Ursachen und Hintergründe - betreut von Univ.-Prof. Dr. Stephan Prochazka, unveröffentlichtes Manuskript, Masterstudium Arabistik an der Universität Wien

ARENDT, H. (1986), Elemente und Ursprünge totaler Herrschaft, Antisemitismus, Imperialismus, totale Herrschaft, München: Piper Verlag

ASH. T.G. (2020), Auf dem Aktienmarkt der Geschichte weiß man nie, was passiert, in: DER SPIEGEL Nr. 40 26.9. 2020

BLASBERG, M. (2020), Rachefeldzug in: DER SPIEGEL Nr.33 vom 8.8.2020, S. 77

BRAND, U. / WISSEN, M. (2017), Imperiale Lebensweise – Zur Ausbeutung von Mensch und Natur im globalen Kapitalismus. München: OEKOM Verlag

BUNDESAMT FÜR JUSTIZ (2019) in: DER SPIEGEL Nr. 48/2019 S. 100

BUBLITZ, H. (2010), Judith Butler zur Einführung. 3. Auflage, Hamburg: Junius Verlag

BUTLER, Judith (2009) Die Macht der Geschlechternormen und die Grenzen des Menschlichen, Frankfurt am Main: Suhrkamp Verlag

ERKURT, M. (2020), Generation Haram - Warum Schule lernen muss, allen eine Stimme zu geben, Wien: Zsolnay Verlag

GUEROT, U. / MENASSE, R. (2016), Lust auf eine gemeinsame Welt - Ein futuristischer Entwurf für europäische Grenzenlosigkeit in: Le monde diplomatique vom 11. 02. 2016

GLÜSING, J. (2019), Es ist Zeit für Sanktionen gegen Brasilien, in: DER SPIEGEL Nr. 34 vom 17.8. 2019, S. 66

HAAF, M. (2020), Das F-Wort, in : Süddeutsche Zeitung Nr. 158, 11./12. Juli 2020, S. 17

HABERMAS, J. (1995), Theorie des kommunikativen Handelns, Frankfurt a. M.: Suhrkamp Verlag

HUTT, F. (2018), Das Leben und Sterben des Daniel Küblböck, in: DER SPIEGEL vom 30.11 2018

IONESCO, D. / MOKHNACHEVA, D. / GEMENNE, F. (o.D.) Atlas der Umweltmigration, München: OEKOMVerlag

LÖFFLER, M. (2011), Feministische Staatstheorien: Eine Einführung, Frankfurt am Main: Campus Verlag, S. 147, zitiert in: ALI, H. (2017), Ehrenmorde und Zwangsverheiratungen - eine interdisziplinäre Annäherung an Ursachen und Hintergründe Masterarbeit Masterstudium Arabistik der Universität Wien, betreut von Prochazka, S., unveröffentlichtes Manuskript

MANGOLD, I. (2020), Die Weisheit der Schildkröten, in: DIE ZEIT Nr. 38, 10.9. 2020

NASSEHI A. (2020), Die unerträgliche Trägheit des Seins, in: DIE ZEIT Nr. 36, 27.8. 2020

RESCH, C. / WAGNER, T. (Hrsg.) (2019), Migration als soziale Praxis: Kämpfe um Autonomie und repressive Erfahrungen, Münster: Verlag Westfälisches Dampfboot

STEINER, E. (2019), Trump muss Präsident bleiben, in: Die Presse Printausgabe vom 4.8. 2019

THOMAS, G. (2020), Gar nicht erst lesen, gleich angreifen, in: FAZ vom 30.9. 2020

TRUMP Mary L. (2020), Zu viel und nie genug - wie meine Familie den gefährlichsten Mann der Welt erschuf, München: Heyne Verlag

ZAUNER, M. (2011), Syrien: Die Rolle der Frauen in der Zeitgeschichte, Diplomarbeit Studienrichtung Arabistik der Universität Wien, unveröffentlichtes Manuskript

ZWERENZ G. (1976), Die Erde ist unbewohnbar wie der Mond, Frankfurt a. M.: Fischer Verlag

# B/ Internet

https://www.faz.net/aktuell/wirtschaft/fast-40-prozent-der-**afrikaner**-denken-ans-auswandern-16113117.html [26 09 2020]

https://dai.de/files/dai_usercontent/dokumente/Statistiken/MAR%202013_Factbook_08_6_**Aktionaersstruktur_Laendervergleich.p df** [27 09 2020]

https://de.wikipedia.org/wiki/**Alphabetisierung**_(Lesef%C3%A4higkeit)#/media/Datei:Cross-country-literacy-rates.svg [19 09 2020]

https://www.economist.com/leaders/2019/08/01/deathwatch-for-the-**amazon** [13 08 2019]

https://www.wien.gv.at/amtshelfer/freizeit-sport/tiere/haustier/hundefuehrschein-pfl.html [26 08 2019]

https://www.diepresse.com/4680005/970000-funktionale-**analphabeten** [06 10 2019]

https://www.zeit.de/gesellschaft/schule/2016-11/**analphabetismus**-deutschland-erwachsene-lesen-schreiben-studie [27 08 2019]

https://e-fundresearch.com/newscenter/112-axa-investment-managers/artikel/18827-vom-**arabischen-fruehling**-zur-arabischen-wiedergeburt [02 10 2020]

https://www.heise.de/tp/features/**Arabische-Staaten**-Die-Haelfte-der-Unter-30-Jaehrigen-denkt-an-Migration-4456778.html [26 09 2020]

https://www.diepresse.com/5644014/der-aufstieg-wird-immer-schwieriger [17 12 2019]

https://www.oekom-crowd.de/wp-content/uploads/2017/04/Leseprobe_**Atlas**_9783865818379.pdf [22 09 2020]

https://www.faz.net/aktuell/wirtschaft/menschen-wirtschaft/**bevoelkerungsentwicklung**-die-grosse-migrationswelle-kommt-noch-14376333.html

https://www.profil.at/ausland/**brasilien-angst-ureinwohner-jair-bolsonaro**-10939653 [16 08 2020]

https://de.wikipedia.org/wiki/
**Boris_Johnson**#Vorlauf_und_Wahl_zum_B
%C3%BCrgermeister_von_London_2008 [01 09 2020]

https://latina-press.com/news/235024-**brasilien**-fast-13-millionen-erwachsene-sind-analphabeten/ [26 08 2019]

https://www.spiegel.de/netzwelt/apps/**brasilien**-wahlkampf-mit-gekaufter-whatsapp-flut-a-1234483.html [29 09 2020]

https://www.sueddeutsche.de/politik/**brasilien**-wahlkampf-bolsonaro-1.4173643 [29 09 2020]

https://www.**bundestagswahl-2021**.de/umfragen/#spd [27 09 2020]

https://de.wikipedia.org/wiki/**Bundesregierung**_Kurz_I [30 09 2020]

https://de.wikipedia.org/wiki/Judith_**Butler** [21 08 2019]

https://www.wifiwien.at/kategorie/e-it-informationstechnologie/e1-it-anwendertraining/e1f-**computerfuehrerschein-ecdl**[27 08 2019]

https://www.tvmovie.de/news/ein-mann-der-seine-frau-steht-**conchita**-wurst-59696 [15 08 2020]

https://www.bild.de/unterhaltung/leute/**conchita-wurst/ist-ein-mann**-aber-fuehlt-sich-als-frau-38718298.bild.html

https://www.**crossdresser-forum**.de/phpBB3/viewtopic.php?t=9421 [15 08 2020]

https://en.wikipedia.org/wiki/
**Donald_Trump_Access_Hollywood_tape** [28 12 2019]

https://diepresse.com/home/wirtschaft/boerse/5669249/**Trump-muss-unbedingt-Praesident-bleiben** [8.8. 2019]

https://de.wikipedia.org/wiki/**Farce**_(Theater)

https://www.oeamtc.at/thema/**fuehrerschein/b-fuehrerschein-der-weg**-zum-fuehrerschein-16180096 [26 08 2019]

https://www.ft.com/content/5d25d042-756e-11e9-be7d-6d846537acab [23 08 2019]

https://www.ft.com/content/5d25d042-756e-11e9-be7d-6d846537acab [23 08 2019]

http://**german.china.org**.cn/de-zhengzhi/10.htm [15 08 2020]

https://www.fu-berlin.de/sites/gpo/soz_eth/
**Geschlecht_als_Kategorie/**
Die_soziale_Konstruktion_von_Geschlecht_____Erkenntnisperspektiv
en_und_gesellschaftstheoretische_Fragen/index.html [12 09 2020]

https://science.apa.at/site/kultur_und_**gesellschaft/detail**?
key=SCI_20191017_SCI39491352051184582 [17 12 2019]

https://science.apa.at/site/kultur_und_gesellschaft/detail?
key=SCI_20191017_SCI39491352051184582 [18 12 2019]

https://www.hilfetelefon.de/**gewalt**-gegen-frauen/gewalt-im-namen-der-ehre.html [29 08 2020]

http://www.trend.**infopartisan**.net/trd0601/t310601.html [20 09 2020]

https://www.krass-mag.net/was-ist-**krass/** [15 12 2019]

https://www.spiegel.de/plus/daniel-kueblboeck-die-ganze-geschichte-a-00000000-0002-0001-0000-000161087465 [21 08 2019]

https://de.wikipedia.org/wiki/**Madman-Theory** [30 12 2019]

https://www.spiegel.de/panorama/gesellschaft/erziehung-in-muslimischen-familien-mama-halt-endlich-die-klappe-a-1292145.html [13 09 2020]

https://en.wikipedia.org/wiki/Mark_Mobius#cite_note-cnbc.com-3[04 08 2019]

https://www.**menschenrechtskonvention.eu**/zusatzprotokoll-emrk-9251/#0-artikel-1---schutz-des-eigentums [28 09 2020]

https://de.wikipedia.org/wiki/
Nationalsozialistische_Deutsche_Arbeiterpartei#Wahlerfolge_ab_19
30 [11 12 2019]

ÖSTERREICHISCHER RECHNUNGSHOF (Hrsg.) (2020),
Leseförderung an Schulen - Bericht des Rechnungshofes
https://www.rechnungshof.gv.at/rh/home/home/004.714_Lesefoerderu
ng.pdf [04 10 2020]

https://www.sueddeutsche.de/politik/interview-am-morgen-wahl-in-
brasilien-warum-schwarze-einen-**rassisten**-waehlen-1.4163726 [30 09
2020]

http://**responsibilitytoprotect**.org/ICISS%20Report.pdf

http://www.wpz-fgn.com/wp-content/uploads/WPZ-
FN55**SozialeMobilit**%C3%A4t.pdf [23 08 2020]

Wikipedia.org/wiki/**Schulpflicht** [11 09 2020]

https://www.haz.de/Nachrichten/Politik/Deutschland-Welt/**Schulzes-
Millionen-Stopp-fuer-Brasilien-verpufft** [28 12 2019]

https://wirtschaftslexikon.gabler.de/definition/
**strukturanpassungsprogramm**-sap-42373 [14 08 2020]

https://blog.zeit.de/teilchen/2016/10/19/so-**schwul-ist-europa/** [31 08
2020]

https://www.aidshilfe.de/blutspendeverbot-**schwule-bisexuelle**-
maenner [23 08 2020]

https://www.**unhcr**.org/dach/wp-content/uploads/sites/27/2018/05/
CH_Karten_CH_Deutsch_WEB.pdf [26 09 2020]

https://de.wikipedia.org/wiki/Unterst
%C3%BCtzungseinheit_der_Vereinten_Nationen_f%C3%BCr_die_
%C3%9Cbergangszeit [22 08 2019]

https://www.nwzonline.de/panorama/jeder-fuenfte-**us-amerikaner**-
kann-nicht-richtig-lesen_a_18,0,493661042.html [27 08 2019]

https://www.zeit.de/wissen/geschichte/2012-07/**weimarer-republik-nsdap-reichstagswahl** [28 08 2019]

https://www.wienervolksliedwerk.at/VMAW/VMAW/Liedtexte/jadasschreiben.htm [06 10 2019]

https://www.derstandard.at/story/2000111928604/**zeitverschwendung-lesen** [09 12 2019]

https://de.wikipedia.org/wiki/**Zensuswahlrecht** [27 09 2020]

https://de.wikipedia.org/wiki/**Zufallszahlengenerator** [27 12 2019]